繁星崛起

—那些偉人如何改變世界—

那些書寫歷史的世界名人

馮化平 著

孔子 × 培根 × 巴菲特 × 比爾蓋茲

◎資質和努力,哪個重要呢?
◎自認平凡,無法成就大事業嗎?
◎想了解偉人的故事,卻無從下手嗎?

最佳激勵讀物,日常小故事中的深刻啟發
不枯燥的名人傳記,讓你輕鬆讀懂偉人成功背後的祕密

目錄

前言

孔子

聖人降世 …………………………………… 010

赴宴遭受羞辱 ……………………………… 013

奮發圖強苦讀 ……………………………… 016

專心致志教學 ……………………………… 023

批判權貴 …………………………………… 025

參與政事 …………………………………… 030

周遊列國 …………………………………… 042

振興學堂 …………………………………… 053

宣講仁義禮儀 ……………………………… 058

修訂古籍 …………………………………… 064

撰寫《春秋》 ……………………………… 067

培根

愉快的童年 ………………………………… 072

少年進入大學 ……………………………… 074

年輕外交官 ………………………………… 076

逆境中求學 ………………………………… 077

從政之路及貢獻 …………………………… 078

目錄

卡內基

出色的電報員 ………………………………… 086

股票投資 ……………………………………… 091

晉升局長 ……………………………………… 094

創立公司 ……………………………………… 095

鋼鐵產業的崛起 ……………………………… 098

金融業的合併 ………………………………… 103

洛克斐勒

年輕商人初露鋒芒 …………………………… 108

謹慎投身石油業 ……………………………… 113

壯大事業開始壟斷 …………………………… 121

死亡協定 ……………………………………… 124

創造奇蹟 ……………………………………… 131

後人繼承再創輝煌 …………………………… 134

杜邦

輝煌歷史的序篇 ……………………………… 138

快速崛起的火藥托拉斯 ……………………… 142

建立工業帝國 ………………………………… 149

財富迅速膨脹 ………………………………… 152

建立全球企業 ………………………………… 163

重塑慈善形象 ………………………………… 166

巴菲特

- 嶄露頭角 …………………………………… 172
- 稱霸華爾街 ………………………………… 174
- 抓住機會購通用 …………………………… 182
- 全球知名的股東大會 ……………………… 186
- 事業如虎添翼 ……………………………… 194

默多克

- 大學畢業前 ………………………………… 198
- 開啟輝煌生涯 ……………………………… 202
- 全球影響力 ………………………………… 210
- 傳媒帝國達到巔峰 ………………………… 221

比爾蓋茲

- 酷愛閱讀的少年蓋茲 ……………………… 226
- 退學創業 …………………………………… 228
- 比爾蓋茲時代的開創 ……………………… 238
- 微軟革新世界領袖 ………………………… 244

目錄

前言

　　培根（Bacon）說：「用偉大人物的事蹟激勵青少年，遠勝於一切教育。」

　　本書薈萃了古今中外具有代表性的名人，我們展現偉大人物的成長歷程，盡量避免了冗長的說教性敘述，而是採用日常生活中富於啟發性的小故事，來傳達他們成功的道理，尤其著重於他們在青少年時代的生活和他們建功立業的艱難過程，以期與青少年讀者共鳴。

　　閱讀這些偉大人物的傳記，能夠領略他們的人生風采與成功智慧，使我們受到啟發和教益；能夠激勵我們的理想和志向，指導我們的人生道路和事業發展。

　　本書語言精美，是名人傳記中的最佳版本。它同時也適合於學生家長、成人讀者。對於廣大讀者來說，它能啟迪心靈、陶冶情操、培養趣味、豐富知識、開發智力。它極具收藏價值，是饋贈少年兒童的最佳禮物。

前言

孔子

孔子

聖人降世

在一個美麗如畫的秋日，叔梁紇和他妻子顏徵在，在鄰居曼父娘的陪伴下來到了尼丘山，祈禱山神、皇天保佑早生貴子。

也許是他們的誠心感動了山神。自從尼丘山求神以後，顏徵在果然有了身孕。

叔梁紇有三位夫人，第一位夫人施氏生了9個女孩，第二位夫人生的兒子是跛子。為了體面和繼承父業，叔梁紇不得不在晚年又取了顏徵在為妻。

魯襄公22年（西元前551年）8月27日，一個小生命降生了。因禱於尼丘山而生，又是老二，因此他父親便為其取名孔丘，字仲尼。

老來得子，後繼有人，叔梁紇就像老牛舐犢一般地愛護他。

剛剛出生的小仲尼，活潑可愛。在父母親精心的培育下，這株幼苗一天天茁壯成長著。

夫婦二人時常在心中描繪著小仲尼的未來。於是，日子就在期待中一天天過去。但是好景不長，在仲尼3歲那年，叔梁紇不幸逝世了，終年72歲。

叔梁紇的去世，對一家人來講，就像是房子折斷了大梁。顏徵在頓感依靠無人，哭乾了淚水，哭碎了心肺，哭啞了嗓子，她們孤兒寡母，往後可怎麼過啊！

喪事辦理完畢，施氏對徵在更加百般虐待，處處挑剔，事事不滿。徵在實在無法忍受，只得帶著3歲的兒子，遷居到曲阜城。

曲阜是魯國的都城。南北寬5華里，有7條大街，東西長7華里，

有 11 條大街。城裡周公廟一帶殿宇巍峨，是魯國的中心。

在曼父娘的幫助下，母子倆在城西北平民區安頓下來。

孔氏母子在曲阜定居後，生活當然是十分艱難的。但是，當時的孔子，雖然物質生活十分貧困，精神生活方面，卻有許多新奇的東西令他目不暇接。

魯國是周公的封國。所以西周的禮樂文獻儲存得最多，魯國素來有禮儀之邦的美稱，而魯國的禮樂文獻大多集中在都城曲阜。曲阜是當時僅次於京師雒邑的禮樂文化中心。徵在選擇魯國都城曲阜定居下來，其用意，除了這是娘家故鄉，更重要的是為了利用這裡的文化氛圍來教育兒子孔丘。

作為孩童的孔子，自然會得以有機會目睹這些規模浩大，禮儀規範的活動。

孔子除了學習禮儀外，在稍微年長之後，便透過一定的途徑學會了識字，並讀到了當時的一些典籍，例如《詩》、《書》。

《詩》，又名《詩三百》，是西周以來中國古代詩歌的一部總集。後被稱為《詩經》。《書》，是春秋中期以前的中國歷史文獻彙集，後稱《尚書》或《書經》。

《祁》、《樂》也都是孔子最為傾心的書籍，少年時期的他對這兩本書愛不釋手，不忍丟棄。

生活是艱難的，但是孔母顏徵在是堅強的。她把生活艱辛的苦水嚥入肚中，忍住喪夫的悲痛，嘗試過各種營生。她在門前開墾了一小塊荒地，種上五穀雜糧和一些蔬菜，總算勉強維持生計。她還替人家洗洗補補，做些零工。冬天夜長，就在菜油燈下編織草鞋，也可以賺些零用

孔子

錢。就這樣，徵在節衣縮食，苦苦支撐著，唯一的希望和安慰便是她的兒子——孔丘。她一定要把兒子撫育成才，將來光宗耀祖、重振家業、實現丈夫的遺願。

母親的堅韌和家境的艱難促使孔子更加發奮讀書。孔丘在學習上表現出來無比的聰敏和極為認真的態度，使徵在從心裡感到滿意。與此同時，她也感到了自己學識有限，常常被兒子問得張口結舌、無言以對。

徵在決定把他送到外祖父那裡接受教育。外祖父顏襄滿腹經綸，通今博古。早年曾做過官吏，告老後亦潛心治學。如今顏老雖已鬚髮皆白，老態龍鍾，但是他精神矍鑠，身體健康。

顏老平時就非常喜歡孔丘這個小外孫。如今聽女兒說外孫越來越聰穎好學，學而不厭，便欣然收下了一生中最後一個弟子。

孔丘師從外祖父苦學3年，在此期間，顏老把幾十年累積的學問全部傳授給了孔丘。

快樂的學習生活伴著孔丘的成熟，促使孔丘有了很大進步。但是不幸又一次降臨到仲尼的頭上。

有一天，顏襄正在為孔子講課。講著講著，顏老忽然一陣頭暈目眩，精神恍惚。他自知不妙，生命已到盡頭，恐怕不能支撐多少時間了，便讓孔丘扶他在躺椅上休息了一會兒，稍稍緩解以後，艱難而又深情地對孔丘說：「我已經把我的全部學識傳授給了你……要做一個德才兼備的人……時機到來，就要竭盡全力報效國家……要成大器……人生在世，要成就一番事業，讓後人景仰和效法……若能做到這一步，不但可以光宗耀祖，老夫我也可以含笑九泉了……」

顏老死去以後，徵在失去了娘家經濟上的資助，生活更加舉步維艱。由於長年的操勞，徵在的身體已經越來越瘦弱，有時還通宵達旦咳

喘不止，不能安眠。

這一切，都深深刺痛了孔丘的心。他恨自己不能為母親分擔家庭重擔，排解心中的憂愁。經過長期的思考，終於作出了決定：他要邊學習邊賺錢，養活母親和自己。

於是他開始了打工的生涯。他跟隔壁鄰居學會了趕車，他還去農家放過羊。在家裡，他也總是幫母親做一些家務。

終於，一次偶然的機會使母親知道了兒子的事。滿心盼望著兒子出人頭地的徵在心如刀割，對這個懂事的孩子又愛又氣。

赴宴遭受羞辱

一晃孔子19歲了，他奉母命與宋國亓官的女兒結婚了。第二年便有了一個兒子。

此時的孔子，已在魯國官府裡擔任著小小的官職。為了維持一家人的生活，他辛勤地勞作著。

仲尼官職很低，甚至讓人感覺有些微不足道。他的職務原來是看管糧食倉庫，但是這個低賤的工作並沒有埋沒孔子的才華。他的博學被當時魯國國君所知，當他喜得貴子之時，國君還送給仲尼一條大鯉魚表示祝賀。

孔子為了感恩國君，便替兒子命名為「鯉」，字「伯魚」。

學識淵博的孔子，漸漸地聞名遐邇，於是有很多人主動求上門來請求進入師門，拜孔子為師。

這樣，仲尼一邊做官，一邊教書。後來，由於弟子逐漸增多以至忙

孔子

不過來，就索性辭去官職，專門做教學工作。

教書的生活是清苦的，為了更好地傳授知識給弟子，他不斷地加強自我修養，研究學問。

在治學的同時，他還注重實踐，在實踐中不斷總結，努力做個「君子」。

長年含辛茹苦，被生活重擔壓得未老先衰的顏徵在終於一病不起，年紀輕輕便匆匆地結束了她的一生。孔丘悲痛欲絕，一頭昏倒在母親身上。

但是不能一味地悲痛，怎樣入殮？怎樣殯葬？這次仲尼可遇到了難題，按照古禮，父母死後一定要合葬。但是，他不知道父親的墳墓在什麼地方。

母親生前只告訴孔子說：父親葬到了一個叫防山的地方，從沒有告訴孔子具體的地址。另外，春秋時期的風俗是墓地不立碑。所以，如果沒有參加葬禮的人，很難知道孔父究竟葬在了什麼地方。

日影在移動，時光在逝去，看熱鬧的人不少，就是沒有能指點的人。

突然，一位中年婦女來到這裡。當她問清楚棺木裡的人是誰後，放聲大哭起來。原來，她就是叔梁紇夫婦的故友——曼父娘。在她的指點下，孔丘找到了父親的墓地，孔丘終於合葬了父母親。

把母親的靈柩安葬好以後，仲尼跪拜了良久才離去。

孔丘殯葬母親之後，按照母親平時的教誨，仍舊努力學習，等待時機，施展才能，光宗耀祖，報效國家。一天，老朋友顏路跑來告訴孔丘說：「魯國大夫季武子季相國要舉行招待士的宴會了，你有沒有被邀請呢？」

魯國社會中的士，在當時是貴族的最低一級。它的地位雖比其他貴

族低下，卻是進入上層社會的起點，士的人數眾多並接受過系統教育，是政府選拔人才的重要來源。因此，魯國的執政者利用宴會，招賢納士，選拔人才。而文人學士則透過宴會，聚在一起，可以演習禮儀，切磋技藝，也可藉此接近上層，結識社會名流。

孔子雖未受到邀請，但是他希望透過這次機會擴大在社會中的影響，他認為自己懂得一些禮儀知識，去參加「士」的宴會是夠格的，何況自己在曲阜已小有名氣呢！

當時的魯國，國君是魯昭公，但是他只是名義上的國君，不掌實權。真正的大權落在了三家大夫的手裡，他們是季孫氏、孟孫氏、叔孫氏。

其中季孫氏實力最強，權力最大。他擔任了魯國首席執政官，那時稱為相國。人們又以塚宰相稱。魯國的讀書人要想爭得一官半職，當然得通過季孫氏這一關了。

在孔子的期盼之中，宴會終於舉行了。一大清早，孔丘就穿戴整齊了。一件青色衣衫，一頂「章甫」帽，孔丘正在服喪期，腰間繫一條白麻帶子。他瀟灑英俊，文質彬彬，興沖沖地朝相國府走去。

相國府高牆大院，森嚴雄偉。那一天，大門洞開，門前車水馬龍，人來人往，孔丘隨著眾人一腳跨進門去。哪裡料想到，恰巧在這個時候，門內閃出一個人來，一把拉住了他。

「且慢！」一聲吼，嚇了孔丘一大跳，孔丘抬頭一看，這個人不是季孫大夫家的家臣陽虎嗎？

其實，這個人的本名叫陽貨，就因為他凶猛像老虎，所以人稱陽虎。這個人的長相和孔丘頗有幾分相似，只是陰險而又詭計多端，因此是一臉的凶相。眼下陽虎正在走紅，當時的魯國，季孫氏控制了魯國國

孔子

君魯昭公,而陽虎控制了相國大夫季孫氏,這是眾所皆知的。

陽虎凶狠狠地問:「孔丘,你到這裡來幹嘛?」

孔丘答:「季孫大夫宴請魯國的文人學士,我來赴宴。」

「季塚宰設宴招待士人,士是貴族,但是您沒有被邀請啊!」陽虎滿臉譏諷地說。

「我是貴族之後……」孔丘面帶怒色,聲音發抖。

「什麼貴族?是放牛貴族還是吹嗩吶的貴族?哈哈……哈哈……」

孔丘拂袖轉身而去,心情懊喪、萬般無奈地回到了家中。

這是孔丘想進入貴族社會時遭遇到的當頭一棒啊!

面對難堪的羞辱和打擊,孔丘只好默默承受這一切,把苦澀吞進了肚裡。但是這一番挫折並沒有使他灰心喪氣。

在年輕的孔丘的心靈深處,對貴族的等級制度並沒有任何的反抗,他是以一種膜拜的敬畏之心,由衷地順從和接受了。

經過這一次受辱,他更深深地認識到像他這樣的年輕子弟想擠進貴族的行列,躋身仕途,靠的只有知識、學識和本領,還有精通六藝。從此,他更加不知疲倦地發憤學習。他一面鑽研禮樂書教,一面練習射和御。

功夫不負有心人,孔丘的努力再加上天生的智慧,使他的學識越來越廣博,越來越多的人都來拜他為師。

奮發圖強苦讀

春秋時期,凡是上流社會的貴族,都必須學會禮、樂、射、御、書、數這六項稱之為「六藝」的基本功。因此,六藝是孔子學習的主要內

容,他學習的方法是刻苦地自學和虛心地向別人請教,所謂:「三人行必有我師焉。」

一次偶然的機會,孔子聽說郯子有非常豐富的歷史文化知識,他十分欽佩,真是天賜良機,千萬不能失去這次學習的機會。

一大清早,孔子就穿戴整齊畢恭畢敬地守候在郯子下榻的館舍門前,懇求郯子賜教。可是,沒想到郯子出去赴宴了。

炎炎烈日下,孔子站在館舍前,感覺頭昏眼花,眼冒金星,真是熬煞人也,但是這並沒有改變孔子的求教決心。

宴會結束後,郯子乘車回到館舍,郯子望著眼前這個風度翩翩、氣宇軒昂的青年人,不覺心生喜愛之情。再看看那經烈日曝晒而汗流浹背溼透的衣衫,又不覺心生憐惜之情。

恰巧這時候,陪送郯子一起回館舍的魯國仲孫大夫走下車來,見是孔子,便向郯子引薦,於是孔子隨一行人來到館舍裡面,分賓主而坐。

孔子開門見山,提出了他的問題,說:「孔丘聽說貴國特別重鳥,以鳥作官名,不知是什麼原因,冒昧求教,不知能賞臉否?」

郯子見孔子如此虛心好學,很受感動,不顧疲勞,娓娓談了起來:「從前黃帝用雲紀事,故百官都用雲來命名,炎帝以火紀事,故百官都用火來命名,共工氏以水紀事,故百官都用水來命名,大吳氏以龍紀事,吾郯國祖先少障氏立國時,有鳳凰立於梧桐樹上,先祖以為是吉祥之兆,所以用鳥來命名百官,以鳥命宮的制度就這樣確立了。」

孔子感謝郯子的認真賜教,又詢問了一些別的問題,郯子也都一一回答,孔子再三道謝,告辭而去。

孔子有著超群的音樂天賦。各種樂器到他那裡,一練便會,無師自

孔子

通。但是，他知道自己好多地方都未能得其要領，更談不上登堂入室，所以決定求名師指點。

春天，孔子整理好簡單的行裝，出門遠行。他要到晉國去拜師襄子為師，討教音樂方面的問題。

在那裡，孔子虛心請教，從不滿足，領悟到了音樂的真諦。

轉眼間，孔子已經來到這1個多月了。在此期間，孔子和師襄子終日論琴談曲，成了知音。在兩人即將離別之際，孔子深情地對師襄子說：「全仰仗夫子教導！讓我如在黑暗中遇到了光明。我不虛此行啊！」孔子再三道謝，方戀戀不捨地告別離開。

魯國的太廟是學習、了解西周歷史、魯國歷史以及各種禮儀制度的理想場所。勤學好問、學而不厭的孔子，怎能放過這樣的學習條件呢？

孔子在太廟裡所見到的，有的是他熟悉的，他從小便在郊祭活動中見識過，自己還仿效著演練過，還有很多是陌生的，要深究起來，他還有很多不懂的地方。不懂就問，這是孔子的性格。於是等祭禮完畢，參加祭禮的人大多散去後，孔子便向贊禮官提出了各式各樣的問題：「請問什麼情況可以用八佾舞？什麼情況用六佾舞？」「祭周公的祭典上能奏《韶》樂嗎？」

贊禮官是一個50多歲、知道得很多的長者，他對孔子提出的問題，耐心地一一作了回答，並且以讚許的口吻對孔子說：「先生很虛心好學啊！」

孔子上前作揖道：「聽君一席話，勝讀十年書。晚輩在這裡謝謝您了。」

孔子沿著勤學好問的自學道路不厭不倦地學習，他的禮樂知識達到了博大精深的程度。他的射、御、書、數這四門技藝也樣樣精通。

沒過多久，孔子的名氣便傳開了，許多有識之士紛紛慕名前來拜師學藝。

京師雒邑是春秋時期全國最大的政治文化中心，周天子所在的地方，收藏著全國最豐富的文物典籍，儲存著最完備最典型的國家禮儀制度。隨著教學工作的不斷展開，孔子覺得有必要不斷開闊自己的視野，豐富自己的學識。所以，他決定去京師雒邑求學。

馬蹄聲聲，車輪滾滾，裝飾一新的馬車，在陽光照射下，放射出歡樂的光亮，車上坐著孔子、南宮敬叔以及御者三人，從魯國曲阜出發，向西南賓士而去。

當時正是暮春時節，是一年中最美的季節。出了城門，頓時覺得天也寬了，地也廣了，藍天白雲，萬里晴空。路旁有楊柳輕擺腰肢，好像在跟過往的行人打招呼。各色野花一點點、一簇簇，像天上的星星在眨著眼睛。

望著眼前的美景，孔子不禁想起含辛茹苦的母親、慈祥而博學的外公。往事一幕幕浮上心頭、歷歷在目。孔子心裡默唸著：「母親、外公，丘兒不會辜負你們的期望。我的人生才剛剛開始，我要繼續完善自己，不斷磨練自己，好成為一位優秀的教師。你們在天上保佑我吧。」

孔子這一次到京師去，可以說是他走向社會以來最愉快的時期：興辦學堂的成功、魯國貴族的賞識、魯昭公的支持，都使他對未來充滿了信心。他希望更加豐富君臣禮儀方面的知識，以備有朝一日進入上層社會。

坐在他身旁的南宮敬叔還未滿 20 歲，英俊瀟灑、風華正茂、謙虛謹慎、聰明而熱情。對於這個新入門的弟子，孔子很是讚許。他夫子長夫子短地問這問那，對什麼都感興趣。孔子對這位朝氣蓬勃的年輕弟子所

孔子

提出的問題，有問必答，滔滔不絕，恨不能把自己的所知、所學一下子都傾注給他。

經過幾天的奔波勞碌，孔子終於到達了雒邑。

到底還是京師啊！街上人來人往，車水馬龍，大大小小的店鋪，各式各樣的商品，琳瑯滿目，讓人應接不暇。

敬叔長這麼大，還是第一次來到這麼大的城市，對什麼都覺得好奇，興奮不已。此時的孔子也滿懷喜悅，笑語盈盈。

孔子師徒二人最先參觀的是明堂和太廟。

明堂是周天子議事和宣政的地方，所有朝令、慶賞、選士等大典都在這裡進行。明堂從外面遠遠望去，是一群布局嚴謹的建築群，既古樸，又高大。

師徒二人到了裡面，只見四周牆壁上畫著許多畫像：堯、舜、禹、桀、紂、周公、成王等，這些畫像都是彩繪。各個人物神態不同，栩栩如生。從畫像不同的形態、神情都能體現出其人的善惡好壞。譬如堯、舜和禹的畫像，魁梧高大，慈眉善目，和善可親，而夏桀和商紂的畫像卻是另一幅模樣：橫眉豎目，既醜且陋，而且他們都坐在一個婦女身上，以婦女為坐騎，更加顯得猙獰殘酷。

所有畫像中，最讓孔子著迷的是畫在東面牆上的「周公相成王」圖。周公身材高大，面目表情嚴肅，端坐在屏風後，輔助年幼的成王接見別國使臣覲見。孔子認真地看了一會兒，回過頭來對南宮敬叔說：「你看，有周公在後面，年幼的成王都顯得威儀了。」

孔子在他心目中最崇敬的周公畫像面前，凝神注目，激動得久久不肯離去，要不是敬叔在一旁催促，他大概真要樂而忘歸了。

師徒二人又接著參觀了周公的祖廟——太廟，孔子依照春秋的禮節，恭敬地行了禮。禮畢，只見臺階上有一尊銅像，背面刻著一句話：「無多言，多言多敗。無多事，多事多患。」

這句話明顯襲用了道家的用語。

孔子回過頭對敬叔說：「做人要出言謹慎，為人處世要考慮周全，不可輕易說話。古人說的話，要記住啊！」

孔子停了一會兒又說：「話雖如此，然而又似乎太過。掌權的人暴戾，世道不公，如果人人緘口不語，無人仗義直言秉公進諫，如何又能糾偏？又如何能改錯？」

南宮敬叔聽了，感嘆地點了點頭。

孔子在京師雒邑的另一個重要活動，就是與老子會見。

老子是道家學派的創始人，當時擔任東周政府的守藏室史（國家博物館負責人）。要比孔子年長一些，是一位學識淵博、社會經驗豐富，精通古代禮制而又對禮持嚴峻批判態度的老者。孔子拜會他的目的，一是參閱他收藏的文物典籍，二是請教禮儀制度。因此，在雒邑期間，他們交往頗多，還一起為人家辦過婚禮大典。因此，孔子與老子結下了深厚的友誼。

一次，孔子去老子那裡聊天。

孔子向老子說：「鄙人研究過各種禮制，但是終覺得不能融會貫通，還望長輩指教。」

老子說：「禮制關係到國家的治亂興衰。周文王、周武王以及周公都能按照禮制實行仁政，所以國泰民安、民心歸順，夏梁、商紂都廢禮制，毀仁政，弄得民不聊生，最後群起而攻之，落了個身敗名裂的下

孔子

場。所以大凡古代聖明的帝王都能替天行道，救國救民。」

老子這番意味深長的談話，孔子一直記在心裡，後用這番話教育弟子，並說這是以前老子親口向他講的。

老子還向孔子傳授具體的禮儀制度。老子對孔子談到：「天子或諸侯去世時，由太祝把各宗廟的神主放到太祖廟裡，以表示各位祖先為國喪而會聚一起。等到要安葬而率哭之後，又把神主放回到各自的廟裡。如果君王出國，就由太宰取出各廟神主與君同行。至於合祭時，則由太祖取二昭。穆的神主合食於太祖廟。凡迎接神主出廟或回廟，都要排列儀仗隊，不許閒人走動。」

孔子又向老子請教禮儀制度。例如：出喪的時候遇到日蝕怎麼辦？其他小孩子死了，該葬到近處還是遠離家門？國家辦喪事的時候不避戰爭對不對？戰爭的時候，應該把國君的牌位帶著出征，還是不帶等等。老子對孔子提出的問題都作了具體而詳細的回答。

孔子對禮儀制度有關知識的求知欲，體現了他來日踏上上層社會時在政治和教育方面的需要。但是，對老子來說，孔子這種對政教禮樂的熱心，使他逐漸覺得這位年輕人身上有一種十分有害的傾向。在他看來，孔子熱衷的這些東西，都是浮華不實之學，應該絕對放棄。禮儀的繁文縟節使人容易喪失淳厚樸實的天性。而人一旦沒有了純真的天性，就會產生虛偽、爭鬥的邪念，為社會帶來許多負面的影響。所以說：「禮是忠信的功勞簿，卻是禍亂的罪魁禍首。」

當孔子最後一次請教古禮或前聖古訓的時候，老子有些不耐煩了，答道：

「你說的那群人，連屍首都化成了灰，只留下了一些只適應當時情形的話而已。作為君子，如果生能逢時，倒可以出門講講排場，擺擺闊

氣，如果生不逢時，就應像是草一樣隨風飄轉而無所追求。我聽說，會做生意的人，往往把自己的貨物囤積起來，裝做一無所有的樣子，德行深厚的人，表面看上去像一個大傻瓜。你應該去掉身上的驕氣、貪心、自我表現和一切妄想，這對你沒有什麼好處。我要回答你的，我能回答你的，就是這些。」

孔子聽了後，陷入深思。

孔子準備動身返魯之前，他和敬叔到老子那裡告別。老子深情地說：「我聽說古人為朋友送行，大多要贈送禮物。我就送你幾句話吧。聰敏深察者接近死亡，因為他喜歡議論是非，雄辯博學者危害自身，因為他喜歡揭發別人的壞處。為人子者不要與人相爭，為人臣者不要與人相爭。」

老子的話語重心長。孔子再三道謝後，和南宮敬叔登車返魯。

專心致志教學

30歲那年，孔子從洛陽歸來，在學業各方面都已打下了堅實的基礎，因此，孔子仍思考著以後該走什麼樣的道路。

進入30歲以來，這兩個問題一直是他揮之不去的思慮，孔子想起了越來越多的人向他求教，越來越多的年輕人要求他設壇授徒。那麼，收徒講學，興辦學堂究竟可為不可為？孔子思潮澎湃，心中像翻捲的浪花，又像一團亂麻，充滿了矛盾的碰撞。孔子為禮崩樂壞的天下局勢而憂心忡忡，為自己後半生人生道路的抉擇而煩躁不安。

孔子頭暈目眩，又捱過了一個不眠之夜。

早飯過後，顏路來拜訪孔子，並請教他一些問題。經過孔子耐心地開導，顏路頓覺豁然開朗。

孔子

於是，顏路便拜孔子為師，並提出要孔子辦學堂。

等顏路離開之後，孔子認真思考了起來：為了改變這禮崩樂壞，天下動亂不安的局面，收辦學堂，這是一條路。是的，既要培養出具有「六藝」的人才，又要培養出忠君愛民的賢臣，幫助君王實現仁政德治，恢復文、武、周公時的政治局面，重現太平盛世！

打定主意，孔子決定不再猶豫，馬上選個黃道吉日，開工收徒。

那一天，孔子為辦學堂辦了兩件大事：

第一件事，他爭得仲孫大夫的同意，並申請一些經費，為辦學堂作物質上的準備。仲孫大夫一向推崇孔子的為人和學問，相信憑他的名聲和才能，一定能辦好學堂。

第二件事，招集幾個青年人來壘土築講壇。

自從孔子興辦學堂的消息傳播出去後，那些早就向孔子求教的人，還有那些崇拜孔子學識、才能的人都欣喜不已。

開學那一天，風和日麗，春光明媚，孔家院子裡喜氣洋洋，熱鬧非凡。顏路、曾點等三四十個青年人聚集在講壇周圍，他們每一個都手捧「束脩」（一束肉乾），一個挨一個地參拜孔子，行拜師大禮。

孔子是中國歷史上第一個創辦「私學」的人，他開創了一種新的教育體制。那時候，只有貴族子弟才有資格進「公學」接受教育。孔子說：「我辦學堂不分年齡、貴賤、貧富，只要想學習，交上束脩就可以入學了。」

這樣，遠近一些平民家的孩子紛紛來投靠孔子，拜師學習。加上孔子此時在社會上的名聲已經不小，深得廣大百姓的信任，也都樂意把孩子送到他門下來學習。

不久，孔子就收下了一大批學生。

相傳，孔子的弟子有 3,000 人之多，這當然是指在一生裡先後向他求教的總人數來說的。

自從孔子 17 歲赴宴受辱，被陽虎拒之於門外，到如今權貴之人主動送子上門求學，整整過去了 17 年。想到這 17 年奮鬥中所嘗到的種種酸甜苦辣，以及今天所取得的成功和榮譽，他不禁感慨萬千！

批判權貴

孔子 35 歲那年，魯國政局發生了變化，魯大夫孟孫、叔孫、季孫勢力膨脹，嚴重削弱王室權力，魯昭公這個國君名存實亡。

一年一度的祭祖活動，是各個家庭最重要的事情。由於大權旁落，昭公祭祀祖先時，只能草草地安排：樂團是求來的，舞師也只有兩個人。這對於一個王室來說，實在是寒酸極了。

與此形成鮮明對照的是：季孫子祭祖的時候，場面壯大，極盡奢華，簡直讓人瞠目結舌。

祭祖活動結束後的一天，孔子師生分散在講壇周圍休息。忽然子路從外面闖了進來，走到孔子身邊，對孔子氣呼呼地說：「老師，我們在這裡講禮、學禮、演禮，可是除了我們師生幾個，舉國上下，早已禮崩樂壞，還有誰在講究周禮呢？」

孔子正要責備子路講話沒有分寸。子路接著又說下去：「老師不是講過八佾舞是周天子專用的樂舞，就連一般諸侯也只能用六佾舞嗎？他季孫子，一個卿大夫卻在自家的殿堂裡舞起了八佾，這是合乎周禮的行為嗎？」

孔子

學生們聽了子路這一番慷慨激昂的話，紛紛圍過來議論起來：

「季平子只能用四佾。」

「這是僭禮。」

「他那裡哪能舞得起八佾？他家的舞隊只有32人。」

「他把魯公室的舞隊調去了，跟他自家的舞隊合在一起，所以演出了『八佾舞於庭』的場面。」

「聽說祭祖撤奠的時候還唱了只有天子祭祖時才能用的《雍》歌呢！」

「祭祖那天，季塚宰府上的聲勢著實氣派呢。相比之下，魯君祭祖的時候，不但無聲無息，而且舞隊被季家調走了三分之一，連舞也跳不成了，真慘吶！」

大家正七嘴八舌地議論，忽聽孔子一聲長嘆說：「季平子用八佾舞於庭，是可忍，孰不可忍！」

孔子氣得臉色發青，手抖個不停。他的弟子們第一次看見老師氣成這個模樣，一個個你看看我，我望望你，都閉了嘴，全場突然一片肅靜。

季平子如此專橫，使魯昭公很難堪。昭公把這事看在眼裡，氣在心頭。

那年的9月，在君臣之間，各當權派貴族之間展開的大搏鬥卻是從一次鬥雞比賽開始的，因此，魯歷史上稱它為「鬥雞之變」。

比賽的這天早上，鬥雞場上擠滿了看熱鬧的人，萬頭攢動，人聲嘈雜，盼著好戲早點上演。

比賽開始了。開始的幾輪比賽，都以那家（反對季平子的一個大臣）

公雞慘敗來結束。因為季家公雞的翅膀上敷了能使敵雞致瞎的辣椒粉。

「魔高一尺，道高一丈」。後來，反對季平子的大臣家，便在雞爪上裝上了事先準備好的鋒利銅鉤。這樣，反過來季家的雞又無一例外地被抓瞎了眼睛，抓破了脖子，總是以失敗告終。

季平子覺得盡失顏面，氣呼呼地返回府去，決定第二天採取行動伺機報復。讓他料想不到的是，就在當天深夜，昭伯率領大隊人馬，把相國府圍得水洩不通。

季平子從夢中驚醒，還來不及弄明白發生了什麼事，便急匆匆地跑到看臺上，昭伯又殺氣騰騰地追上了看臺。

此時，季平子身邊只有七八個人，自知寡不敵眾，不如假意求饒，矇混過關為好。想到這裡，他急忙躬下肥胖的身子，連連作揖說：「昭伯大人，我們同是魯國大夫，又都是主公的臣子，您饒了我吧，看在主公的份上，放我走吧！」

「你休想走掉！」季平子聞聲看去，不好！魯昭公率領一隊人馬前來。

頓時嚇得他魂不附體，長跪在地，一邊磕頭一邊向魯昭公哀求道：「主公救我！微臣有罪！請主公開恩！臣和主公本是同祖同宗，看在老祖宗面上，饒我一命吧！」

魯昭公眉頭一揚，恨恨地說：「平日裡，你大權獨攬，專橫霸道、飛揚跋扈。你身為相國，卻不問政務，終日鬥雞走狗，鬧得朝堂人心渙散，國勢日衰，你知罪嗎？」

眼看著季氏人頭就要落地，退無可返的時候，孟懿子的一個家丁衝到看臺之上，手起劍落，把正在步步進逼的昭伯斬為兩段。眾兵見主將一死，便四散逃命，嚇得魯昭公面如土色，兩腿發軟，在貼身隨從的護衛下，跨上一匹馬，逃命國外去了。

孔子

昭公最後逃出了魯國，奔往北鄰的齊國。

孔子原來做過季氏的家臣，維持著跟季氏不算壞的關係。但是，孔子供職於季氏，只是想過他這塊跳板達到輔佐君王的目的，卻不料季平子竟做出了跟國君兵刃相見的勾當。

在與昭公相抗衡中取得勝利的季平子，更是不可一世。他篡奪了魯君的王位，肆無忌憚地行使國君的權利。

在亂臣賊子的統治下，孔子知道自己的才能難以發揮，便追隨魯昭公而去。

孔子帶著子路、顏回等幾個弟子，來到了齊魯交界的泰山腳下。

忽然，聽到一位婦女的啼哭聲，孔子叫子路看個究竟。子路回來把婦女一家三代為逃避苛捐雜稅，被老虎咬死的悲慘遭遇告訴了孔子。孔子聽了，遙望著蒼天，半天不語。最後，才無限感慨地對學生說：「你們要記住這件事：苛政猛於虎也。」

孔子師生懷著沉重的心情，在前往齊國的路上繼續奔波。

這一天，孔子師生終於來到了齊國都城臨淄。高高的城牆，壯美的城闕。啊！多氣派的大城市！孔子眼前一亮，心情也隨之起了變化。

孔子在此第一次聆聽了齊國太師演奏的《韶》樂後，十分欣賞，便埋頭學習這首樂曲，沉醉於樂曲美妙的韻味中，以至於在好幾個月中，連吃肉也察覺不出肉的味道了。

來到齊國後，孔子慢慢看清楚了齊國當時的形勢：高氏、國氏、田氏勢力極大，君權受到威脅。

齊景公眼看國情惡化，憂國憂民，痛心疾首。所以，他看到孔子來訪，就問道：「5 年前夫子勸諫寡人的一番話，使寡人獲益匪淺，今朝夫

子來齊國，寡人正有很多問題要向夫子請教呢！請問夫子，怎樣才算政治清明呢？」

孔子毫不猶豫地說出：「君君，臣臣，父父，子子。」

孔子的回答強調了理順君臣、父子關係，切中了齊國的時弊，並且提出了匡救時弊的根本對策。

已經上了年紀的齊景公，對孔子這段批判齊國君臣的話似乎沒有聽懂，只覺得很有道理，稱讚孔子說：「您說得多好啊！如果君不像君，臣不像臣，父不像父，子不像子，即使糧食再多，我能吃得著嗎？」

鑒於當時齊國的形勢，高氏、國氏、田氏這些大家族的勢力正日趨膨脹，這勢必使君權受到損害。孔子主張維持應有的君臣、父子關係的學說，自然很對齊景公的胃口。

過了幾天，齊景公又召孔子進宮，問：「寡人在位多年，愛撫百姓，選拔良才，卻始終不能繼承先君齊桓公的霸業，這是為什麼呢？依夫子之見，寡人應如何為政？」

孔子答道：「政在節財。」

孔子的言論，使齊景公意識到，孔子的思想觀點很適合於自己整頓齊國政治，保護君權的需要。因此，便認為孔子是一個不可多得的政治人才。由此，齊景公便萌生了任用孔子實現其政治抱負的想法。

於是，景公決定，要將尼裂之田賜給孔子，拉開重用孔子的序幕。

但是，齊相晏嬰阻止了景公欲封孔子這件事。

作為老練且務實的政治家晏嬰，對孔子的思想有更深入的認識。孔子只能是一位在政治上充滿理想主義的思想家，他的學說並不適合當時齊國的社會情況。所以晏嬰在孔子的任用上，投了反對票。

孔子

其後，景公就在對孔子官職任用上持模稜的態度，只是偶爾請孔子參與一些政事。同時，孔子的先進思想損害了部分士大夫利益，因此齊國的大夫要殺害他，他不得不離開了齊國。

參與政事

孔子回到魯國後，西元前 510 年（魯昭公三十二年）被趕出魯國的魯昭公在晉國去世。魯定公順理成章地繼承王位，然而他也只是一個傀儡，政權仍由季平子把持著。

但是世事難料，西元前 505 年（魯定公五年），季平子逝世，他的兒子季桓子繼任，可季桓子還是沒有鬥過家臣陽虎，於是，魯國成了陽虎的天下。

此時，政局不穩，各派勢力都想拉攏孔子以壯大自己的勢力，但是都被孔子拒絕了，陽虎亦謀劃造反。

謀劃造反之事敗露後，季桓子聯合孟孫氏和陽虎展開戰鬥。

雙方鬥得死去活來，後來陽虎有些力不從心，敗下陣來。

魯定公派武將申句須和東頡各帶兵車 100 乘，前去追殺陽虎。經過幾次打拚、追殺，終於將陽虎的士兵擊潰。陽虎撲滅三桓的陰謀破了。

陽虎單槍匹馬，逃到齊國。定公九年，魯國派兵討伐陽虎。陽虎又奔齊、奔宋，不久逃到晉國，被趙簡子收留。

陽虎事變之後，魯國政局仍然十分不穩。魯國統治者為了穩定國家的政局，發展國家，聘請了孔子做中都宰，後任司空，再後來任大司寇，直接參與內政外交，代行相國職務。

孔子就任官職後，銳意改革政治，極力實施禮治政策。

孔子的禮治政策實施之後，成效卓著。魯國的社會風氣煥然一新，犯罪行為日益減少，百姓們禮貌且文明。其他國家聽到這件事後，也都紛紛效仿，改變治理國家的策略。

孔子為官雖然為期不長，從魯定公九年到十三年前後不過4年，但卻是孔子一生中最難以忘懷的一段日子。

就讓我們一起走進孔子這段美好的記憶之中吧！這還得從魯國政府為什麼要聘用孔子說起。

當時魯的相國是季桓子。正當季桓子躊躇滿志出任之時，他遇到了陽虎事變，幾乎命喪黃泉。死裡逃生的季桓子需要物色賢能之才，輔佐他處理內政外交的事務，鞏固自己的地位，他想到了孔子。

季桓子從心裡想聘用孔子。委以重任，於是他向魯定公提出了這個想法。

魯定公早已聽說孔子是一個有學識的君子，而孔子到齊國兩年，深得齊景公的信任，但是最後還是沒有得到任用，可見他的政見不怎麼高明。猶豫之下，經過一番推敲，便決定先到地方上試試，如果確有雄韜大略，再提升到朝中任用不遲。就這樣，魯定公委任孔子為中都宰。

中都是魯國西北部的一個城邑，離曲阜不遠。中都宰是中都邑之長，相當於現在一個縣的縣長。雖然職位不算高，但是孔子還是很珍惜這次實踐自己願望的機會，決定盡心竭力把事情辦好。

孔子上任之前，帶了子貢、顏回等幾個弟子深入民間，體察民風民情。只見中都城外一片荒蕪、雜草蔓延，人們紛紛出城討飯，路旁餓死鬼的白骨成堆，好不悲慘啊！孔子簡直是痛心疾首。

孔子

　　進入中都城內，城牆四處倒塌，房屋矮小破舊，街道狹窄泥濘。街上遊民流蕩，乞丐成群。

　　為了進一步了解中都的民情，孔子先後拜訪了三老、鄉紳和當地名流，探詢解決問題的方案。經過詳盡的調查和研究，孔子開始制定治理的措施和方略。

　　孔子首先召集書史差役開會。告訴他們，全體留用不動，以1個月為期限，在這1個月內辦事公正認真、為人廉潔誠實的留下，偷懶消極、貪贓枉法的除名。孔子還宣布了6個方面的改革措施：

1. 發動全邑農民，加固堤防，開渠鑿井，預防水旱災害。
2. 設立多個工場作坊，安置無業遊民和乞丐。
3. 以仁德教民，改良地方風氣，組織人員到下面講仁、講義、講禮、講德，講居家要父慈子孝、兄友弟恭、夫唱婦隨。
4. 勸導工商小販做生意買賣要誠實守信。
5. 提倡節儉，要求衙署役吏一律穿布衣，戴布帽，出外一律步行。
6. 在金邑四鄉添建學堂，讓少年一律入校讀書。

　　孔子這6條措施實行了1年以來，收效顯著。中都迅速從百廢待興，發展到百業興旺。百姓們過上了溫飽的日子。社會治安也得到了很大的改善，人們講究禮儀，知廉恥，上敬老，下愛幼。社會一片祥和、安定的局面。中都大治的消息像春風一樣傳遍魯國內外、中原大地。

　　一天，孔子正執行公務之時，一紙差令打斷了孔子的聚精會神。展開絹帛一看，上面赫然寫著：「孔卿，政績卓著，寡人欲委以重任。即返都城，速速勿誤。」

　　孔子喜出望外，收拾行裝，踏上次歸曲阜的行程。

　　他剛走出自己的屋子，就被眼前的情景驚呆了。只見門外擠滿了前

參與政事

來送行的男女老少。他們當中有與孔子共事的差役，有富甲一方的鄉紳，更多的是普通的黎民百姓。他們你推我擠地往前擁，手捧著自己珍愛的禮物，爭著要送孔子禮物。

孔子站在屋前，涕淚縱橫。

回到都城後，孔子馬上進宮見魯定公。

魯定公對孔子的政績非常滿意，又見孔子對自己的雄才大略十分自信，便委任為大司寇。

大司寇是魯國的最高司法長官。大司寇是跟司徒、司馬、司空三卿並列，位同卿大夫。孔子作為一個非貴族出身的平民，被提升為如此高的職位，這在當時是極其罕見的。

剛剛上任大司寇的孔子，面對著堆積如山的案件，不急不慌，有條不紊地清理長期未了結的官司。

古時候的春秋時代，法律條文規定得並不明確，長官只是憑藉個人主觀意志判定案件。可是孔子當司寇，卻一改往日舊的常規。每次在判決之前，總是詳細了解案情——向有關此案的人徵求意見。孔子根據大家的意見，做出最後的裁決。孔子這種民主辦案的精神，真是難能可貴啊！

孔子執法，雖然對觸犯刑律的人加以懲罰，甚至處以重刑，但更重要的是以仁德，以禮教教化人民。讓老百姓知道什麼是對，怎麼做符合「禮」，什麼是光榮，什麼是恥辱。

孔子任大司寇期間，待人謙恭，與大臣們緊密配合，使政通人和，全國上下對孔子十分滿意。

孔子任大司寇以來，魯國發展迅速，鄰國爭相仿效，這帶給齊景公稱霸的夢想以沉重一擊。

孔子

　　一天，齊景公遇到太宰黎且獻計夾谷結盟。於是黎修下一封國書。邀請魯君於 6 月 15 日，在夾谷舉行友好大會，永結兩國盟好。

　　做為弱國的魯國收到齊景公的國書，不明白齊景公為什麼會有如此舉動，事關重大，馬上召集大臣商量對策。

　　對於此事，季桓子、叔孫州化、陣孫何忍和孔子都發表了不同觀點，最後決定按孔子的想法去辦。魯定公邀請富有學識、勇敢、機敏的孔子一同前往。

　　孔子躊躇間想到：如何避免齊國的威逼要挾，為魯國保全聲譽，確實難度極大。會盟也可能是一個大大的陷阱，名為兩國盟會，實則暗藏殺機。但是身為國君重用的大臣，應以社稷為重，哪能只考慮個人的安危與否？榮辱與否？既然大家如此信任我，就接受命令吧！思考到這裡，孔子向定公及大臣們施禮道：「微臣感謝主公、各位大臣的器重。臣領命！」

　　西元前 500 年（魯定公十年）6 月 15 日，申句須和樂頎率領戰車 500 乘，經過兩天的跋涉，護衛著魯定公來到了夾谷會場。

　　齊國方面的代表，是齊景公和宰相黎。

　　齊景公和魯定公朝南落座，其他代表也都各就各位。

　　互相行禮後，齊國的司儀便出來向景公報告說：「請奏四方之樂。」

　　景公點頭說：「可以。」

　　樂聲一停，兩國國君各自燒上 3 炷香，齊君以東道主身分致歡迎詞：「齊魯兩國，世代友好。齊欣聞魯國大治，國泰民安。特聚會以示祝賀。並約請魯國永結同盟，親如兄弟。齊國有難，魯國相救，魯國有難，齊國也不會袖手旁觀。天地作證，絕不毀盟。」兩國相禮登壇，祭

拜天地，衛士準備好祭酒，歃血為盟後，將酒飲盡後又重新入座。

黎：「齊魯會盟是兩國盛事，不可無樂無舞，臣已備好樂舞前來助興，請兩位國君觀賞。」

於是，附近一群萊人手持旗旄以及矛、戟等兵器鼓譟而至。他們一個個手持劍戟、旗旄，在定公面前搖來晃去，如群魔亂舞，奔走咆哮，嚇得定公面如土色，渾身顫抖。

孔子一看，覺得情形不對，怒髮衝冠，雙目圓睜，也顧不得禮儀，三步並作兩步躍上臺去，登上臺階說：

「兩國君主友好相會，而裔夷之俘用武力來搗亂，您齊國國君一定不會用這種手段對待諸侯吧？周邊地區圖謀中原，夷人擾亂華人，俘虜侵犯盟會，武力威脅友好，這對神靈是不祥，在德行上是失義，對人是無禮，您齊君不會這樣做吧？」

齊景公聽了孔子這番有理有據的談話後，自覺心虛理虧，不能作答，連忙命令萊人立刻離開。

盟會結束後，景公設宴款待定公，但孔子很是不放心，擔心齊國另有圖謀，可能在宴會上撥弄一些是非也未可知。因此，孔子立刻對景公的近臣說：

「齊國和魯國的舊典，您難道沒有聽說嗎？事情快要結束，而又設享禮，這只能使辦事人員徒勞。而且犧尊、象尊這些禮器不宜拿出國門，鍾、磬等嘉樂不能在野外合奏，在此設享而動用這些東西，是很不合禮法的，這也有辱於貴國君主的名譽。所以，依我看來，這宴會還是不要舉行的好，請您向景公諫言。」

景公聽到孔子傳來的話，覺得有點慚愧，決定把宴會取消了。

孔子

晚上，景公君臣二人默默相對，終於，景公開了腔：「我怎麼責怪你才好呢？你看，孔子是遵循古人禮儀引導他的國君。而你為什麼只知道用夷狄之道來向我建議？讓我盡失顏面？」

黎仍默不作聲，今天輸了，明天一定贏回來，想著想著，他一拍大腿，說：「有了。」

第二天，是齊魯雙方正式訂閱盟約的良日，盟約初稿共9款，是由齊國一方事先擬訂好的。初稿交到魯定公手裡，他逐行細看，突然發現有這樣一款：

「齊國出征時，魯國須出兵車300乘相隨，否則是破壞盟約。」

「這分明要魯國自己接受齊國附庸國的地位！豈有此理！」孔子不住地在顫抖。

會上，孔子一再要求齊景公對這一款做出解釋。齊景公自覺理虧，憋了半天才從牙縫裡擠出了一句：「齊魯既已結盟，就應來相助。」

孔子讚許地說：「這道理講得好啊！那麼，同樣，過去齊國侵占我魯國的土地，若不歸還魯國也是破壞盟約。」

齊景公無言以對，被迫答應把過去侵占魯國的全部土地歸還魯國，並且把它寫到盟約之上。

這就是歷史上著名的「夾谷會盟」。

夾谷會盟的勝利，不僅與孔子的博學多才有關，更體現了孔子政治家、外交家的才智。

夾谷會盟為魯國立下了汗馬功勞。於是，他受到了魯定公的重用。

魯定公十二年的夏天，孔子在政治上已有相當的基礎。他想利用這陣和煦的春風，進行大刀闊斧的內政改革。

參與政事

　　他進一步想，要使魯國政治走上正軌，必須削減三大夫政治權勢。

　　在孔子看來，當時魯國最大的弊病就是魯定公有名無實，只有虛位。卿大夫「三桓」專政，掌握實權。而三桓又被他們各自的家臣控制，三桓對他們的家臣也都無可奈何。因此，整個魯國的統治集團，名與實顛倒，這就是「君不君，臣不臣」，這就是禮崩樂壞。而這種混亂局面，突出表現在「三桓」勢力過大。

　　要想徹底改變魯國政治的混亂局面，必須「強公室」，就是要樹立國君（公室）的絕對統治權；必須「抑三卿」，要削弱季桓子、叔孫懿子、孟孫何忌這三家世襲大夫的實力，要他們（尤其是季桓子）嚴守臣道，不得超過君臣之禮。總之一定讓魯國循著周禮，按著貴族等級制度治理國家，使人民安定。然後以「仁政」、「德治」的魯國為基礎，推而廣之，擴大影響，尊天子，服諸侯，統一天下。這就是孔子的政治理想和抱負，也是他一生追求奮鬥的目標。

　　但是，公開提出「強公室」、「抑三卿」無異於引火燒身，以卵擊石，三桓是不會同意的。

　　頗有政治智謀的孔子深入分析了魯國各方面的力量，他抓住了三桓與各自家裡之間的矛盾，決定從這裡入手解決問題。

　　春秋時期，國君為了獎賞諸侯、大臣，實行分封制度。諸侯各國的卿大夫都有自己的封地，稱為「邑」，或稱「采邑」。這些卿大夫連同他們的家屬都住在都城，他們把采邑派給家臣管理。在他們的封地內建立城堡，組織起武裝分隊，有的城堡還發展成規模很大的軍事要塞，魯國季民的費邑，叔氏的郈邑，隈氏的郕邑就是這樣的要塞。

　　三桓費盡心力地經營三邑，本來是為了加強實力，結果卻搬起石頭砸了自己的腳，原想受其益，樂得清閒，不料反受其害，被一些野心勃

037

孔子

勃的家臣所利用。一些家臣以城堡為據點，擴張實力，以至發生叛亂。雖然一些叛變事件被平定，但是家臣勢力仍很大。

根據三卿與各自家臣這種尖銳的矛盾，孔子制定了「拆三都」的計畫。

「拆」是拆毀的意思，三都指季氏、叔氏、孟氏三家大夫的家臣所盤踞的三個城堡。「拆三都」就是要拆毀被三卿家裡分別盤踞的費都、邱都、郕都三個城堡。孔子思忖再三，決定以「貶家臣」為名，進行「強公室」、「拆三都」的實際活動。

孔子在等待一個合適的時機，向魯定公稟明這些計畫，並贏得他的支持。

一天，魯定公召孔子進宮問政。魯定公看了看孔子，滿意地說：「寡人有愛卿輔佐，如今的魯國可以說是既無外憂，又無內患，風調雨順，國泰民安。」

孔子故意提高聲調說：「居安思危啊！魯國當前的政局依然很嚴峻，可以說已經是危機四伏了。」

魯定公不以為然地說：「愛卿不必危言聳聽，故做驚人之語。」

孔子嚴肅地說：「三桓的家臣勢力越來越大，他們飛揚跋扈，犯上作亂早有預謀。隨著他們實力的擴張，其兵馬越來越多，城牆越築越高。三桓扶植的私人勢力，與公室分庭抗禮。主公，您不會忘記當年的陽虎之亂吧？這些家臣的賊心不死，這些禍患不除，國家就沒有安寧的日子。」

魯定公說：「那麼，應該怎麼防備才好？」

孔子說：「按周朝的古制，大臣家不藏甲（甲指軍隊），大夫沒有長度超過300丈、高1丈的城邑。現在，費都、邱都、郕都的城牆早已超

過了規定。這些城池堅固，家有甲兵之藏，最危險的事，臣的叛變，大都是由此而起。最好是把城池拆掉。」

魯定公不聽則已，一聽嚇得目瞪口呆，重複著孔子的話，問道：「拆毀三家城邑的城牆？那季孫氏、叔孫氏、孟孫氏肯定不答應。」

孔子說：「不答應，但是他們最後會同意的，理由有二：

第一，城牆太高，違背周禮。

第二，這是更重要的，目前盤踞費都的公山不狃，盤踞郈都的侯犯正蓄意與季孫氏、叔孫氏為敵。主公此時可以抓住這個機會聯合三家，一起發兵，制止叛亂。三家求之不得，哪有不同意的道理。」

魯定公聽完之後，心雖放下了一半，但是仍惴惴不安地說：「如果他們不聽命，如何是好？」

孔子斬釘截鐵地回答到：「那我們就派軍隊強行拆毀。」

孔子「計拆三都」的計畫終於得到了魯定公的支持。與此同時，季桓子和叔孫風正急於消滅反叛的家臣，因此也積極配合這個行動。

「計拆三都」這個宏偉的計畫分三大步驟實施。

首先，計拆郈都。叔孫施子自告奮勇，親自率領軍隊，拆掉了郈都的三尺城牆。而郈都的叛徒侯犯兩年前就已叛逃在外，雖又重新殺了回來，卻得不到本邑百姓的支持。因此，計拆郈都的計畫執行得非常順利。

計拆三都，首戰告捷，大獲全勝。

按計畫執行第二步：計拆費都。

計拆費都的舉動驚動了盤踞在費都的公山不狃。他為了逃避被拆毀的厄運，先發制人，提前率領軍隊進攻曲阜的王公。叛軍來勢洶洶，箭

孔子

如雨下，好幾支箭都射到魯定公的身旁，情況萬分危急，眾人急得如熱鍋上的螞蟻，驚慌失措，孔子卻鎮定自若。因為對此他早已作了防備。

忽聽有人大吼一聲：「叛賊哪裡逃？」只見申句須、樂頎兩位大將率領部下，組織反擊。公山不狃終因勢單力薄，最後實在支持不下去，逃出了國境，到了齊國。

於是子路率領軍隊乘勝來到費都，把費都的城牆削低了三尺。

最後一步，就是計拆郕都。

郕都是孟孫氏的都城，它靠魯國北邊的邊境和齊國鄰接，所以孟孫氏的家裡有人反對拆城，他們的理由是說把城池拆掉了，就沒有了防備，假如這時齊兵進攻的話，就沒有抵擋的力量了。孟孫氏考慮到這一點，決定不拆城。

魯定公見孟孫氏不拆城，想用兵強制執行，於是派子路率軍全力攻郕都。孟孫氏早有準備，只見守城戰士個個驍勇善戰，滾石俱下，子路的部下傷亡慘重。

轉眼間，12月來了，天氣轉冷，魯定公親自率兵攻城。但是魯定公本人受不了寒冷的氣候、簡陋的營帳，想起此時宮內爐火正旺，並有歌舞作樂，於是便不顧孔子屢次進諫，逕自班師回朝，回宮尋歡作樂了。

至此為止，計拆三都雖取得了些成就，但是終因不徹底而以失敗告終。

孔子計拆三都以失敗告終，這是由於在進行過程中，三桓逐漸意識到孔子的目的是「強公室、抑三卿」，與他們的「弱公室、強自己」的想法背道而馳。

三桓在此之後，彷彿變換了一副面孔，每次見到孔子都很冷淡，尤

其是季桓子的變化最為明顯。

上文我們提到過，由於夾谷會盟的勝利，孔子的威望提高了許多，由此魯國的實際執政者季桓子也極其讚賞和信任孔子。於是，在魯定公十二年，孔子受季桓子的委託，處理魯國的許多重要政務，擔任了魯國的大司寇。

其實，在小小的魯國，在貴族統治集團中，除有名無實的魯定公和掌握實權的季桓子，這時的孔子已躍居為第三號人物了。

但是孔子和季氏之間的「蜜月」畢竟是不穩固的、短暫的。尤其是計拆三都之後，他們之間的矛盾就顯露出來了，「蜜月」當然也就消失了。

命運的轉折是如此突然，眼前的事態發展超乎孔子的想像，就像前不久提升大司寇一樣那麼突然。孔子此時有了一種「謀事在人，成事在天」的無奈。

孔子是一個堅定的人，他不會為權貴而改變自己的政治主張，屈從苟安。既然合作破裂了，又不肯聽從季桓子的擺布，那只有辭官離魯這條路了。

對此，他的弟子們各執一詞。

子路說：「先生，您經常教育我們要做一個有骨氣的人，不能為利益而放棄自己的思想主張。」

冉有爭著反駁他說：「樹立自己的政治觀點是為了有一天能將它付諸實施。如果你的思想不得以實施，你的想法只能變為一紙空文，毫無意義。現在，我們暫且後退一小步，稍稍妥協一下。以後，我們得到機會，就能把自己的想法變成現實了。」

正當孔子對此猶豫不決時，鄰國的一個拙劣的政治陰謀，終於促使

孔子

孔子下定決心，辭官離魯。眼望著魯國的繁榮，鄰近齊國的擔心與日俱增。夾谷會盟的詭計沒有得逞，齊景公和相國等大臣還是不甘心。

於是，齊景公召集了大臣們到家裡商討預防魯國稱霸的大策。

最後，他們利用美女和良馬來收買魯定公和季桓子，孔子反對定公沉迷美色之中，從而離間了孔子與魯定公關係。自此定公一有機會便與美女鬼混，逐漸喪失了大夫們對他的信任。

孔子徹底絕望了。於是，一聲不響地率領弟子們離開了故國。

途中，定公派師己追上孔子師徒，一再挽留，孔子沒有明確回答，只以歌委婉地勸定公不應愛美人而不顧江山。

師己聽了孔子的歌，了解孔子的意思，無法回答。

孔子基於濟世救人的心理，還是期望定公能幡然悔悟，不要再沉迷於女樂與文馬之中。但是定公卻還沒有回心轉意，孔子只好堅持行程。

就要離開父母之邦了，看著故鄉的山山水水，想起留在這裡的妻子、兒女、學生，回憶著出位以來的風風雨雨，孔子不禁感慨萬千。父母之邦讓他難以實現抱負和理想，他仍捨不得離開他深愛著的這片熱土。孔子下車，俯身抓起一把土，遙向家鄉，深施一禮，然後重又登車趕路。

此次出走，孔子開始了 14 年的漫漫周遊列國的旅途。

周遊列國

孔子師徒首先到達了衛國，衛國人口稠密，經濟發達。

衛國位於華北平原中部，有幾條河流流經全境。可以稱得上水利資源充足，土地平坦、富饒，是農業生產和人類繁衍棲息的肥沃之邦。

孔子一行又渡過濮水，進入郊遂，即被沿途人煙繁盛的景象所吸引。

孔子認為在滿足人們經濟生活需要之後，要對他們施以禮教，這是孔子從魯國出走後暢談的第一條政見。

幾年來的從政經歷，讓孔子更加關注政治經濟環境對實施禮樂教育的重要性。他難以設想，當國家戰爭頻繁，苛賦沉重，人民處於飢寒交迫之時，又如何講究禮儀呢？不講禮儀，又如何使國家繁榮而又充滿文明、誠意祥和的氣氛呢？「倉廩實則知禮節，衣食足則知榮辱」，他從前在齊國聽到的這句話，此時此刻又迴響在耳畔。

師生一行人又走了一些天，終於到達了衛國的都城帝丘。他們準備在子路的妻兄顏仇申家住下。

子路向顏仇申說明了來意，顏熱情地表示，請他們留住在他家，並且對孔子說：「難得夫子光臨寒舍。夫子英名，四海皆知，明天早朝我便奏明主公，他定能重用。」

經過幾十天的焦慮、奔忙，疲憊不堪的孔子終於可以輕鬆下來。這一晚，他睡得又香又甜。

衛靈公聽說孔子來了，十分欣喜。他很早就仰慕這聞名於諸侯國的先生。為了贏得一個「禮賢下士」的美名，便非常熱情地接待了孔子一行。

孔子走訪靈公，衛靈公已經年近70歲，五短身材。見了孔子，說：「夫子博學多才，天下聞名。輔佐魯君治理魯國，成績卓著。又有眾多弟子，也都多才多藝，出類拔萃。今日來到衛國，我很是欣幸。」

衛靈公又問道：「您仕魯期間一年拿多少俸祿呢？」

孔子回答道：「俸粟6萬。」

靈公也照例給孔子6萬。

一年6萬俸粟，當然是一筆很可觀的收入，這足以保障孔子一行近10人的生活所需。有這樣一筆收入，他們完全可以有自己的館舍，而不必再寄宿於顏仇申家了。

孔子客居衛國，可以說是來逃難的，卻得到如此的禮遇，不禁受寵若驚。孔子一再拜謝，感謝衛靈公的美意。

衛靈公說：「衛國自從先祖文公大治以來，歷經6代而始終未能強盛起來。夫子來此，寡人必委以重任，請輔佐寡人，使衛國富強。」

孔子來衛之初，正值魯定公十三年（衛靈公三十八年）。4年後，衛靈公去世。這段時期，衛國的政局和魯國一樣，也很不平靜。

孔子來衛的第一年，就發生了公叔成事件。公叔成是已故賢大夫公叔文子之子，繼父職任衛大夫。此人富甲一方又驕縱，衛靈公一向很討厭他。

這一年冬天，公叔成試圖清除靈公夫人南子的黨羽而被南子告發。第二年春天，衛侯驅逐公叔成及其同黨，公叔成逃到他的采邑蒲，在那裡發動了叛亂，不久又逃到了魯國。

孔子非常欣賞公叔成的父親公叔文子，對他多有讚辭。還曾經採訪過他的言行，以教育自己的弟子。公叔成也向孔子的學生請教過有關喪禮方面的知識。

公叔成的問題敗露後，一些無聊的人，開始根據這些情況告發孔子等人與公叔成交往甚密。對於這些讒言，衛靈公竟全部相信了。所以，衛靈公派一個叫公孫餘假的人到孔子住所進進出出，窺探監視。

孔子去哪裡，公孫餘假便如影隨行，似幽靈一般。雖然孔子自認為

行得正、坐得端，但是這種被監視的生活，還是讓孔子寢食難安，心境難平。

孔子師徒生到衛國已 10 個月了，雖拿靈公俸祿，卻受百般猜忌，不能施展抱負，並且衛國政局不穩，於是孔子決定另謀出路。

離開衛國，孔子師徒一行赴著金秋豔陽踏上了去陳國的道路，一路上五彩繽紛的景緻，為單調乏味的旅途生活增添了無限樂趣。

忽然，一輛馬車從對面呼嘯而來，大家的注意力自然全都集中在這輛馬車上了。

來人是一個 20 多歲的年輕人，看起來既斯文又善良。此人名叫公良孺，複姓公良，名孺，字子正，陳國人。他慕孔夫子大名，想找到他拜他為師。一個月前，他到魯國，聽說孔夫子到了衛國，等趕到衛國，又聽說夫子又離開了。於是他便追到這裡來了。

孔子看看這位生氣勃勃、英俊而又有禮貌的青年人，從心裡喜歡他，當即答應收他為徒。

於是孔子一行人又多了一個活躍的弟子。奇怪！還是那個金秋的季節，還是那個色彩繽紛的田野，還有黃土飛揚，還有那吱吱呀呀的車輪聲。可是，被公良孺的幽默、愉快所感染，大家都歡快起來。再抬眼望望，山嶺之上，層林盡染，一片豔紅，道路兩旁，菊花點點，酸棗壓枝，颯爽的秋風拂面，新鮮的空氣，吹拂得人人舒暢，個個輕鬆。

再看看眼前這個師徒隊伍，一行人分坐在 7 輛車上，成行成隊，威風凜凜，好不氣派！

但是，在到陳國途中，有一個叫「匡」的地方，孔子因長相與昔時在此為非作歹的陽虎相似，引起當地居民誤會，遭到匡人的圍困。後來，

孔子

人們發覺他們言談舉止似乎不對，同時孔子一行人歌唱仁義和禮教，經多方打聽才證實原來並非陽虎，實是孔子，便熱烈地歡迎了他們。

孔子師生經歷了匡地的災難後，驚魂未定。於是，決定改變計畫，不往陳國，調回頭，重返衛國。這次衛靈公態度轉好，表示熱烈歡迎，孔子便想安定下來，暫不作遠遊。

孔子率眾弟子住到了遽伯玉家。平日裡，孔子與遽伯玉說古道今，與學生們談詩論書，操琴授課，倒也逍遙自在。

魯定公十四年（西元前496年）春，孔子正在為學生講周公製作禮樂的功德時，公孫餘假來到，說衛靈公夫人南子約見，請夫子速速登車進宮。

南子，宋國女子。婚前與家公子有私情而受到宋人譏諷，但是為人聰慧機敏，年輕美貌，深受衛靈公寵幸。南子也因衛靈公對她寵愛有加，而對朝政有很大的干預力。她也景慕孔子的名望，想看看這位名人是個什麼樣子。因此，提出約請。

孔子雖猶豫不決，但是最終還是去了。南子答應，竭力向主公稟明為其謀一份職位，可是冬去春來，一切如故，孔子只不過是陪衛靈公讀書，談古論今和踏青罷了。這引起了人們對孔子的議論，孔子感到萬分失望，離開了衛國。

孔子一行告別了遽伯玉、顏濁鄒等老朋友，告別了前後居住過5個年頭的衛國帝丘城，奔向宋國。宋國是孔子祖先生活過的地方，也是他妻子的故鄉。孔子做的這個決定，弟子們也都贊同。

連行數日，車馬勞頓，終於來到了宋國境內，那是一個夏日的清晨，陣雨過後，空氣清新，涼爽宜人，風塵僕僕的師生頓覺心曠神怡，放眼望去，一衍生機盎然的景象，有孩童在嬉戲，農民在鋤草，婦女們

周遊列國

在織布。這情景，與衛國風雲突起的氣氛正好形成鮮明的對照。孔子在車上舒展了一下身子，臉上綻開了久違了的笑容。

天氣酷熱，於是大家把車趕到了一棵大樟樹下，各自找個蔭涼的地方歇息去了。

過了一會兒，孔子見大家有了些精神。於是對大家說：「這裡地面平坦，涼風習習，我們就在這裡演練禮儀如何？」

可是當他們剛坐定，一個名叫桓魋的人帶了50多個武士來砍倒大樟樹，將孔子師徒驅走了。孔子一行忙逃往鄭國，司馬桓鵬等人在後虛張聲勢，假裝追趕。

孔子一行人在鄭國匯合後，由子貢求見鄭聲公，可是此時年方20的鄭聲公卻無心政事，成天沉迷於聲色文馬之中，看宮妓樂舞。鄭君的昏庸讓孔子師生失望而去，前往陳國。

陳國是南方的一個小國。相傳國君是舜的後代，都城在宛丘。孔子到了宛丘，便直奔陳大夫司馬貞子府上。經過司馬貞子推薦，第二天，陳國國君緡公便派使臣來請孔子進宮。

陳緡公以貴賓之禮相待，並與孔子談論了國家強盛與否的問題，孔子認為國家強盛與否絕不取決於疆域的大小。

陳緡公聽得很有興致，又向孔子提出了許多問題，孔子都耐心地作了解答。陳緡公對孔子的為人才學佩服得五體投地，在場的大臣也頻頻點頭，交口稱讚。

陳緡公驚嘆孔子的才能，正巧司馬貞子祖傳九曲明珠的線已斷了，孔子在緡公的許可下，將珠帶走，約定3日後歸還。

孔子帶著九曲明珠去找洩莊的採桑女。其實，穿珠的方法很簡單，「以蜜汁潤珠眼，以蠶絲黏螞蟻尾，同放在匣中，只需一夜功夫，螞蟻定

孔子

能引線穿珠。」當孔子還珠時，滿朝驚嘆！

自此以後，緡公時常請孔子到宮中求教各種問題。孔子便滔滔不絕地論講天下事，陳公也從心裡讚佩孔子。

陳緡公對孔子雖然十分敬重，但是，陳國畢竟只是一個小國，夾在楚吳之間苟延殘喘，孔子的宏圖難以施展，只得天天講「禮」談「樂」，研究學問，蒐集各種資料，為以後的著書立說做些準備。

但是，好景不長，後來鄰近的晉國、楚國及遠在南邊的吳國都相繼來犯，陳國一片混亂。孔子在這種環境中，自覺長此待下去，也不是良策，決定離開陳國。

孔子打算應佛肸的邀請到中牟去。

佛肸，晉國范氏中行氏家裡，任中牟宰。中牟為范氏中行氏采邑，離衛西北邊境不遠。

魯哀西元年（衛靈公四十一年）11月，趙鞅率領軍隊討伐朝歌進攻范、中行氏。這時，佛肸中牟發動叛亂，歸傾衛國，並向孔子發出邀請。孔子考慮應邀前往。

前往晉國去，這一直是孔子的心願。晉是春秋時期最有影響力、號召力的大國，在那裡從政，介紹自己的學說，其影響遠非他國可以比擬。

孔子早在仕魯之前，就對晉國的政局十分關心。眼下趙、魏、韓、知四族與范、中行氏的宗派鬥爭處於相持階段，他期望會見擔任執政的趙鞅，能夠為緩和、平息晉國的動盪局勢及其未來發展提供幫助。大約在11月，孔子便攜帶子貢等人赴晉。

衛與晉是鄰國。從衛都東行，渡過黃河，再往西南，便至晉邊境。

周遊列國

　　使孔子意外的是，當走到黃河東岸，還沒有離開衛境，就聽到趙鞅殺害了兩位賢人竇鳴犢和舜華的消息，他感到十分懊喪，於是決定不去了。

　　師徒一行，繼續奔波在周遊列國的旅途之中。這次目的是楚國。

　　一天，孔子師徒來到陳蔡之間方圓 800 餘里的廣漠地域。此地由於戰爭頻繁，人煙又稀少，實際上是一片廢墟。因此，當他們來到這裡時，立即陷入了前不挨村，後不著店的困境。他們隨身攜帶的糧食已經在路上吃掉了一多半，只有來些野菜，摻合著米粒煮粥充飢罷了。

　　突然有一夥人把他們包圍在那裡。原來這支隊伍乃是陳緡公派來逼孔子回陳的。陳緡公在孔子走後，非常後悔當初沒有把師徒留下來，君臣經過一番商議，才決定派出一夥人來，只圍困，不傷害。等到孔子師徒飢渴難忍，實在熬不下去的時候，再逼孔子改變決定，放棄赴楚的想法。

　　在半飢半飽的熬煎之下，孔子師徒被圍住了三天。到了第三天，糧食早已經被吃得顆粒皆無，就全靠野菜野果應付了。孔子卻堅持照常跟學生們講學、誦詩、彈琴，他用心良苦，用聖賢的道理教導學生，用古人的範例激勵學生，也想用自己的情緒去感染學生。其實，孔子也是凡人，只是他想用自己的信仰體現對學生的熱愛，一再地抑制自己罷了。

　　第四天，子路氣呼呼地從外面回來。

　　孔子從子路和其他一些弟子情緒低落中感受到一種危機。一種比絕糧更嚴重的思想危機在動搖自己的後繼者。他把子路叫來說：

　　「《詩》裡說：『不是野牛，不是老虎，徘徊曠野，是何緣故？』我的信仰不對嗎？為什麼在此受困？」

　　子路說：「我們在魯國被驅逐，在陳國也沒有受到重用，在宋國遭到

049

孔子

了伐樹之難,目前又跑到這裡來挨餓……究竟是為什麼呢?難道是老師的仁德不夠,人們才不相信老師?難道是老師的智慧不夠,人們才不按老師的主張去做?」

孔子瞪起眼睛上上下下,左左右右地打量著子路,彷彿要重新認識這個一直追隨他30年的弟子,仰天長嘆一聲說:「怎麼能這麼說呢?你以為每個有仁德的人都會有好下場嗎?如果每個仁者一定會得到信任,伯夷、叔齊就不會餓死在首陽山上,如果每個智者必然得到重用,那麼王子比干就不會橫遭剖心之禍。所以,一個有修養,有仁德的人絕不會因為一時的窮困而改變氣節。」孔子就是這樣,明明知道有了大學問、好品德不一定被賞識,但他仍然要「知其不可而為之」。

孔子後來又把顏回叫到了身邊,把剛才對子路、子貢所說的話重新說了一遍。

顏回沉思片刻說:「老師的思想太理想化了,達到了至高無上的程度,因此不被世人所容納。老師的高尚恰恰在於正確的主張不被人家所採納,但是自己仍堅持下去,方顯示出君子的修養。這也越能表明老師的思想境界高,老師是德高望重的君子。」

經過這番談話,孔子覺得顏回和他志趣相投。

孔子師徒被圍的第七天。

忽然,一陣吶喊聲傳過來,一些雄姿勃發的士兵衝殺過來。這些人把圍困在孔子師徒周圍的兵卒打退了。

原來,這是駐守在楚國的邊邑大夫葉公,聽說孔子被圍困,派軍隊來搭救。楚軍後來又護送他們到達了楚國的負函。

孔子師徒又闖過了一個險關。

周遊列國

　　葉公名叫沈諸梁，只因為他的封地在葉，所以人們稱他為葉公。葉公請孔子擔任當地的文化顧問，並經常跟孔子請教國家大事。

　　有一次，葉公向孔子問政，孔子說：「政在來遠附邇。」

　　意思是說，政治如果要好，要做到使離你近的人能附和你，遠方的人也能來歸順你。

　　因為，孔子了解到葉公苛稅沉重，得不到人民的愛戴，甚至有很多人丟棄自己的故鄉離開葉國，搬到他國去居住。所以，孔子這句話正好說中葉公的要害。

　　但是葉公為人頑固。不易接受別人的勸告，還自吹自擂地說：「我們葉國雖然還沒有做到那種地步，可是，我們的人民都是正直守法的。」

　　孔子說：「是嗎？但願如此。」

　　過了些日子，孔子離開負函，踏上了返衛的征途。

　　當時衛國國君是衛靈公的孫子衛出公，掌握實權的是孔文子。恰巧這時衛國正當多事之秋，內無賢才相助，外有世子樹敵，正盼老友還朝，解決疑難呢！

　　於是，第二天，衛出公模仿祖父生前的做法，率領文武官員迎接聖人。回宮後，又設盛宴為孔子師生接風洗塵，並仍舊每年發給俸粟6萬。衛出公的所作所為也不過是為買一個「尊賢」的美名，而不給孔子任何實權，只是一個擺設而已。

　　從這以後，孔子師生又在衛國住了5年。

　　春秋時期，諸侯國之間不斷發生以強凌弱、以大欺小的不義之戰。魯哀公十一年（西元前484年）春，魯國剛擊退吳國的侵犯。到了夏天，強鄰齊國又發兵攻魯，奪走了魯國的城池。

051

孔子

此時，孔子弟子冉求早已被季康子召請回魯，擔任季康子的總管，深受信用。

冉求英勇善戰，最後打敗齊軍，取得了勝利。

宰相季康子非常喜歡冉求，問他說：「真不愧為孔夫子的高徒，一身的軍事本領，真讓人羨慕。」

冉求微笑著說：「您應該羨慕恩師才是！」

季康子又問：「孔子是個怎麼樣的人物？」

冉求很坦率地說：「他是一個偉大的政治人才。如果實行他的政治主張，立刻能使國富民強。」

季康子便決定任用孔子，問道：「我想任用他，可以嗎？」

「這沒問題。老師是一個講究禮的人，千萬不要把他當作一般的人去對待。」

於是，季康子差人赴衛國去迎接孔子。

孔子在外顛沛流離14年，行仁政德政的政治理想的結果是到處碰壁。如今，他已經68歲了，多年的歸國願望突然變成現實，孔子自然很高興，便率領弟子們滿懷希望地踏上了歸途。

沿途，孔子一邊教育弟子，一邊在欣賞美景之時計劃著回到故國之後的事。

經過一路的顛簸，孔子和弟子們坐的馬車，在暮色蒼茫的黃昏時候，返抵曲阜門外。

孔子終於回到了闊別14年的祖國！回到了家！但是江山依舊，人事已非，14年闊別之後回到家來，賢慧的妻子已經離他而去。人去室空，14年的分別，竟成為了永別！孔子面對青燈，孤零零一人，不免心酸。

周圍的親朋好友，鄰里鄉親，很多人老的老，死的死，走的走。不過，天地萬物，新陳代謝，生生不息，老的凋謝了，新的又萌發了嫩芽。小孫子子思長得眉清目秀，聰敏穎悟，才智過人，看到自己事業後繼有人，這對孔子的晚年生活是極大的精神安慰。

孔子回魯國後，因與季康子觀點不同，故沒有直接參政，只是偶爾拜訪談論一下自己觀點而已。

振興學堂

孔子回國後，重振冷清了 14 年的學堂，慕名而來的人數超過了以前任何時候。如果說，從 30 至 35 歲開始收徒講學，為孔子集中講學的一個高潮時期，37 至 50 歲的孔子，自齊返魯到從政仕魯為孔子講學的第二個時期。那麼，自從 68 歲晚年歸魯以後，到 73 歲逝世這 5 年，是孔子教學的第三個高潮。

相傳孔子前後招收弟子 3,000 人，身通六藝者 72 人，其中一部分是他晚年歸魯後招收的。

一個月朗星稀的夜晚，孔子師生在學堂庭院中賞月述志。孔子問曾參道：「參，你平時注意修身，為什麼不談談你的看法？」

曾參有些靦腆，不好意思地說：

「我每天檢查三次我的所作所為：

1. 我在為別人做事時，是否做到了盡心盡力。
2. 我與朋友交往是否忠誠守信。
3. 老師傳授我的學業是否認真複習了。」

孔子

他還引用夫子的話說：

「反躬自省，正義應在我身，即使對方是卑鄙之人，我也不會去恐嚇他，反躬自省，正義在我，對方即使千軍萬馬，我也要上前去較量。」

孔子聽了，誇獎他做得好，說：「這三條反省得好，若能天天這樣檢點自己，何愁成不了君子！」曾參所提倡的「吾日三省吾身」的修身之道，被後來的學者廣為傳頌，大家都紛紛遵循仿效。

後來，孔子的孫子子思便是由曾參教導成才的。子思又收孟柯（孟子）為徒，可見，曾參是孔子學說的主要繼承人，他是承前啟後的關鍵人物，為孔子學說的發揚光大發揮了不可磨滅的作用。因此，被後世儒家學派的人尊稱為曾子。

孔子的弟子中人才濟濟。孔子從教40多年，培養出了大量學者和大批優秀的政治、軍事、外交人才。這些人才，孔子曾按他們的品行和專長分為4科。他們的優秀代表是：

德行科：顏淵、閔損、冉伯牛、仲弓。

言語科：宰予、子貢。

政事科：冉有、子路。

文學科：子游、子夏。

也恰恰因為孔門弟子中這多方面的人才，也使一些國家對他感到恐懼。

同時，孔子對待學生因材施教，充分發揮了不同學生的潛能。弟子們十分感謝佩服自己的老師。

又是一個山花爛漫的秋日，孔子與弟子們一起出去領略大自然的風光。

沁水就在曲阜北門外。出了城門，便看見泗河之水蜿蜒流淌，兩岸蘆葦搖曳，白鴛飛舞。此情此景，此時此地，沒有顛簸流離，沒有爭權奪利，沒有爾虞我詐，師生盡情享受著大自然的清純之美。

走了一陣，遊覽了一會兒，他們便三三兩兩分散活動。孔子見顏回和子路在身邊陪著他，便對他二人說：「你們二人說說你們的志向，讓老師聽聽。」

心直口快的子路馬上開腔說道：「我願把我的車馬和衣服貢獻出來，供朋友們一起使用，用壞了也不生氣。」

顏回聽了，想了一會兒，慢慢地說：「我希望自己不炫耀自己的善良，不表白自己的功勞。」

孔子滿意地點頭稱許。

子路轉向孔子說：「請夫子也談談您自己的志願行嗎？」

孔子微笑著說：「使老人安逸幸福地度過晚年，使朋友互相信任，讓青年相互關懷，這就是我的志願。」

孔子又對顏回說：「聽說你最近寫了一首歌，能唱給大家聽聽嗎？」

顏回欣然應允，邊彈邊唱道：

有利劍兮匿於鞘中，

有美玉兮藏於泥土。

虎落平壤兮反不如犬，

鳳凰落地兮被雞啄傷。

生不逢時兮玉石不辨，

不遇明主兮驥鎖廄房，

孔子

用之則行兮閃閃發光，

捨之則藏兮不卑不亢。

曲罷，孔子讚美他唱得好，他誇獎顏回說：

「用之則行，捨之則藏！能這樣做到的只有你和我兩人吧！」

子路覺得老師一味誇顏回，把自己撇在一邊，心裡很不是滋味。心裡藏不住一點事的子路直率地問老師：「夫子，如果您要統率三軍出征，您將讓誰來陪同呢？」

等了許久，孔子說了這幾句話：「空手打虎，徒步過河，死了都不後悔的人，我不想和他做同一件事。我所共事的人，一定是遇到事情非常謹慎，善於思考而能謀劃大事的成熟之輩。」

這分明在委婉地批判子路有勇而無謀，遇事不求甚解，意氣用事，經常碰壁。聽出弦外之音的子路低下了高昂的頭，他心理面翻開了五味瓶：有慚愧，有感激，也有不小的委屈！

歲月的年輪轉向了第二年春天，綠草如茵，花香陣陣，楊柳抽出了嫩條，小鳥在枝頭唱歌，孔子帶領弟子到舞雩臺遊覽。

這一年，魯國有些旱情，舞雩臺要舉行祭曲。天氣晴和，萬里無雲，溫度適宜，孔子和弟子們早早地就上路了。

等他趕到舞雩臺時，祭禮已經開始了。圍觀的人把臺前的空場圍得水洩不通。臺上有一隊女巫正在一面跳舞一面禱告。舞巫儀式之後祭曲結束，一群青年男女又圍在一起，自發地跳起娛樂性的歌舞。孔子師生也擠進了人群之中，有的甚至擠到了歌舞人群的最中間，隨著節拍，歡舞起來。直到最後，跳得大家兩腳痠疼，兩腿發木，肚子也咕咕叫喚了，師生們才停下來。

他們來到樹蔭下的一塊大青石上，拿出隨身攜帶的餅子飯糰，不顧一切地大嚼大吃起來。飯後，孔子靠著樹根閉目養神。這時，參加祭典的人們已經離開了，樹葉在陽光的照耀下閃閃發光，涼風習習，孔子感受到了一種融身心於大自然中的逍遙之樂。休息了一會兒，弟子們都向老師圍攏過來，交談著。

　　與孔子坐得最近的幾個弟子：子路、曾點、冉有、公西華等，大家閒聊了一會兒之後，孔子稍稍提高一點嗓門說：「我們何不各言其志！」又說：「我的年紀雖大，又是你們的老師，但是不要因此有什麼拘束，希望大家能暢所欲言，各言其志吧！你們平常老是說沒有人賞識自己，那麼如果有人賞識了你，並任用了你，你會做些什麼呢？」

　　子路第一個搶先說：「一個擁有千軍萬馬的國家，夾在幾個大國之中，外有敵國侵擾，內有天災人禍，如果讓我治理，不出3年，就可以使人民不但勇於衝鋒陷陣，而且懂得禮儀。」

　　孔子微微一笑，又問：「冉有，你呢？」

　　冉有說：「一個六七十里見方，或者五六十里見方的國家讓我去治理，只要3年時間，就可以讓人民豐衣足食，至於禮樂教化，就得再請高明了。」

　　孔子指指公西華，問：「華啊，你打算怎麼樣呢？」

　　公西華答道：「我不敢逞能，我只願學著做罷了。例如祭祖，或者與外國會盟這一類的事情，我只能身穿禮服，頭戴禮帽，或者去做個小小的司儀而已。」

　　孔子又問：「點呀，你怎麼樣？」

　　正在彈琴的曾點正陶醉在樂聲悠揚之中，一曲將近尾聲之時，聽老

孔子

師點到自己的名字，輕輕放下琴，站起來慢條斯理地回答說：「我的志趣可沒有他們三位講的那麼好啊！」

孔子說：「但講無妨！不過是各人談談自己的理想而已。」

曾點說：「我希望在暮春三月，穿上新買的衣服，約上自己志同道合的朋友，到郊外遊覽。在沂水之濱洗臉沐浴，在舞零臺上吹風乘涼，遊興既盡，一路唱著歌，悠閒漫步而歸。」

曾點的話，為大家描繪了一幅歡樂祥和的太平盛世之景，這也正是孔子夢寐以求的社會。孔子聽了曾點的主張之後，長嘆道：「曾點的心願正是我的抱負啊！」

孔子學生中，最有名的三位代表是子路、顏回和子貢。子路為人耿直，有勇力才藝，一生忠於孔子；顏回學識淵博，品格高尚；子貢很有才華，是一位善言辭的外交家，曾靠三寸不爛之舌挽救了魯國，亂齊破吳使強晉更強，同時也幫助越國。

宣講仁義禮儀

孔子在晚年時，過著安靜的日常生活。

孔子的人格經過長時間的修養，已經達到了聖賢的境界。他在與一般人交往之時，非常謙虛溫恭，讓人覺得他不善辭令。

可是，當孔子一來到宗廟或朝廷，孔子的談吐便頭頭是道，非常善於論辯而又謹慎、謙恭。

和上大夫們談話之時，孔子的態度是嚴肅、公正的樣子，和下大夫們說話時，他和悅地侃侃而談。

宣講仁義禮儀

進入公門之時，他一定恭敬地鞠躬如也。

奉君命去迎接賓客時，他一定謹謹慎慎地進退有度，符合禮儀。

在飲食上，孔子亦很有節律。每餐的食物都是有定量的，酒量雖沒有一定，但是都能適可而止。

吃東西時，不和人說話，夜晚，就寢後也不說話。

遇有朋友或弟子們逝世時，沒有親人料理喪事，孔子便自動地去幫忙。

孔子這種日常的生活態度，是很值得我們仿效的。

「仁」是儒家思想的核心學說。有一天，孔子講「仁」給學生聽。

子貢問：「如果有人能博施子民，能濟眾，這樣的人能不能稱得上仁？」

孔子說：「這豈止是仁，簡直就是聖人了。我想，就是堯舜禹這樣的人恐怕也難做得到！」接著又說：「仁者，己欲立而立人，己欲達而達人。」

子貢聽得很入神，而且一聽就懂。可是，子游卻不理解，纏著子貢要他解釋。子貢說：「立是立身，立足的意思。『己欲立而立人』的意思是：你如果想在社會上立足，也要使別人在社會上立足。立，也可以解釋成職位。那麼，『己欲立而立人』的意思就是：你如果想要自己取得職位，也要使別人取得職位。『己欲達而達人』也跟這個意思相近。」子游搶著回答說：「你如果想自己顯達於世，也要讓別人顯達於世。」

子貢回答了子游的問題之後，又陷入了沉思之中。

這時，子輿大聲喊道：「老師，除此之外，我們還應該怎樣做？」

孔子略微停頓了一下，接著又說：「己所不欲，勿施於人。我們學會

孔子

『恕』。」接著,又自己補充說:「我們要由自己想到別人,做對自己有利的事情,也要做對別人有利的事情。我們遇事都要設身處地地為別人著想,推而廣之。由於愛自己,愛自己的親人而愛他人,因為自己的立、達而使他人立、達,因為不想讓別人施暴於自己而不去施暴於別人,因為維護自己國家的安寧而不去侵犯別的國家的安寧。總之,自己所要的,也是別人想要的,把它給別人,自己所不想要的;也不要對別人施行。這種推己及人的做法,就是實現仁的基本方法。」

這時,子貢突然覺悟到,對孔子說:「老師,我懂了,仁就是愛人。」

孔子說:「對了,入則孝,出則悌,泛愛眾而親仁。」

弟子宰予對老師關於盡孝的說法有點不理解,問道:「父母死後,守孝 3 年,我認為時間太長了。3 年之中,我們能做許多事情。比如,我們可以學習禮儀,學習彈奏琴瑟……如果 3 年之中一點也不學習,就會荒廢,3 年不奏琴瑟,琴瑟就會忘掉……我覺得,守孝一年就足夠了。」

孔子問:「父母親去世後,不到 3 年就過上錦衣玉食的生活,你心裡舒服嗎?」

宰予回答道:「那有什麼不舒服的。」

孔子說:「你如果這樣做,覺得舒服,你就去做吧。本來,做為一個君子,在居喪時期吃美味不覺得甜,聽音樂不覺得快樂,住在家裡不覺得安全,因此不能那樣做。」

宰予退下後,孔子感嘆說:「可憐天下父母心。子女出生 3 年,父母親精心撫育。反過來,為父母親守孝 3 年,當然也是天經地義的了。」

孔子認為守孝 3 年,是子輩對父母親養育之恩的一種報答,而且十分重視。

這時，另外一個弟子插進了一句話：「老師，您的意思是說：孝悌是仁之本，是這樣的嗎？」

孔子說：「對啊，我講的正是這個意思，孝、悌是仁的基礎。所以，如果我們能做到入則孝，出則悌，從愛自己的父母兄弟出發，推而廣之，做到愛更多的人，能做到愛大眾是十分高尚的，這就是仁。」

「那麼，什麼是愛呢？」樊遲問。

孔子說：「愛，雖然會由於親疏尊卑而有所不同。但是，如果他不是十惡不赦的人，都應該給以愛和關懷。即使是奴隸，他們的生命也應受到關愛。」

這樣看來，孔子提倡的「仁」，愛的不僅是自己的父母兄長，不僅是自己熟識的親朋好友，而且還要推而廣之到社會上更多的人，甚至也包括奴隸。

禮，在孔子思想中，是僅次於仁的。孔子推行的是遵循周禮。

周禮是周族在長期社會實踐中形成的傳統的典章制度、儀節、習俗的總稱。它從生產、生活的各個方面，具體而詳盡地反映了社會成員相互之間，成員與集體之間關係的準則。

孔子對春秋末期的「禮壞樂崩」抱著惋惜的態度，把破壞禮的行為看成是不可容忍的事情。

陳桓殺了齊章公，孔子齋戒沐浴而後，他朝見了魯哀公，他請求哀公出兵討伐陳桓。「臣弒君」當然是最嚴重的以下犯上，這種破壞「禮」的作為更是孔子所不能容忍的。

為什麼孔子這樣地維護「禮」呢？因為在他看來：「不知禮，無以立」（《論語・堯曰》），意思是說如果不懂得「禮」，不按「禮」來辦事，那就

孔子

無法統治。上下尊卑的等級制度破壞了,那豈不「君不君,臣不臣,父不父,子不子」了?這當然是不行的。

所以,當齊景公向孔丘問政治時,孔子說:「國君要像個國君樣,臣子要像個臣子樣,父親要像個父親樣,兒子要像個兒子樣。」

這就是孔子的「正名」思想。

景公聽了之後說:「講得可真有道理呀,如果國君不像國君樣,臣不像臣子樣,父親不像父親,兒子不像兒子,即使有糧食,我能吃得著嗎?」

齊景公倒是很坦白,公然把維護上下尊卑的等級制的「禮」的作用。與他自己的切身利害連繫起來。「正名」就是要把不同等級地位的人,都要安於他們已有的社會地位,不免有非分之想。

有一次季康子向孔子問政治,孔子說:「政治就是正人,如果以正義作為表率,領導眾人,誰敢不服從你呢?」

季康子聽到孔子的這句話,不覺陷入了深思之中。孔子又接著說:「你如果使自身正義,你在從政的時候對你就很有利,你如果不能使自身正義,你能正人又怎麼樣?」

在孔子看來,如果人人都按照他的社會地位,去做應該做的事,那麼就沒有什麼你爭我奪,社會也就長治久安了。

季康彷彿一下子領悟到了,於是他脫口而出:「國君對臣子以禮相待,臣子就能用忠誠事奉國君。如果我們執政者都能按『禮』辦事,對老百姓的治理也就好辦了。」

孔子點了點頭,表示同意季康子的說法。

孔子在春秋末期「禮樂崩壞」的情況下來維護「禮」,他自然要隨著

這個時代的變遷，為「禮」注入某些新的意義。

春秋末期，天下大亂，奴隸和平民的暴動，奴隸的逃亡時有發生，情況極其嚴重，而且臣子殺自己的君主，兒子殺死自己的父親這樣的現象也很普遍。

據歷史書上記載，這個時期，有36個君主被殺死，52個國家滅亡，各個諸侯也紛紛逃跑，丟棄他們應該保護的國家。看來，當時破壞「禮」制的並不僅僅是奴隸和平民，而往往是倡導禮的執政者們。

孔丘對此看在眼裡，急在心上，終日反覆考慮，怎麼才能改變這種讓人心痛的現狀呢？

孔子想：以前我注重的只是禮的形式，並沒有根據這個時代的狀況，賦予禮以新的意義。這是我今後要思考的。

經過一番深思熟慮，孔子把「禮」和「仁」連繫在一起，他曾對弟子們說：「人如果沒有『仁』的品德，『禮』又有什麼用呢？」

他還對弟子們說：「我們不能把『禮』只當成一種形式，如果有禮沒有仁，就等於把禮和禮的作用相近的樂，變成了普通的玉帛和鐘鼓之類的形式，失去了它真正的作用。」

關於用仁去解釋禮的問題。有一次，子夏問孔子說：「有酒窩的臉笑得美呀，黑白分明的眼睛轉得媚呀，潔白的底子上畫著花卉呀。這幾句詩是什麼意思呢？」

孔子說：「先有白底子，然後畫花。」

子夏說：「那麼，是不是禮、樂的產生在仁義以後呢？」

孔子稱讚子夏：「你真是啟發我的人呀，現在可以與你討論《詩經》了。」

孔子

　　這說明，孔子把「仁」看得比「禮」更根本，要用一種「仁」的精神來講「禮」，這就是他所說：「克己復禮為仁。」

　　孔子把「禮」的範圍限制在「仁」的範圍之內。

　　這裡面，「克己」是講人要學會克制自己，要有自覺性。對於不符合禮的事物，不要去看，不要去聽，不要去說，不要去動。

　　如果不是自覺地來實行「禮」，那是沒有意義的，「禮」就僅僅是形式，是「玉帛」之類。

　　從此，孔子「禮」的思想深入人間，被人們看作是為人的準則。

修訂古籍

　　孔子年輕時，看到博大精深的文化典籍正在遺失，他就立志要蒐集整理。

　　如今，年近古稀的孔子，明白自己再也不被魯公所重用，便把全部精力投入教育弟子，投入文獻整理工作。

　　曾有人問孔子：「為何不從事政務？」

　　孔子回答說：「只要能對政治產生影響，便是政治。何必非要出仕為官呢？」

　　孔子創辦教育，整理古籍，正是為了要使禮樂文化傳之後代，要把儒家思想傳下去，使自己無法實現的政治抱負交給以後的人去完成。因此，孔子把培養人才和整理古籍都看作是政治。

　　一天晚上，孔子召集子夏、子游等幾個文學功底很棒的學生，向他們說明了自己在教書的同時，要抓緊時間整理古籍的打算。

修訂古籍

孔子說：「中國古代的典籍浩如煙海，以《詩》、《書》、《禮》、《樂》、《易》、《春秋》最為重要，合稱『六藝』，被各諸侯國選作學堂的教材。但是，這些古籍目前散失，缺欠都極為嚴重，我要力爭在有生之年完成修訂『六藝』的工作。」

在整理「六藝」之時，孔子以「仁」為核心，貫穿始終。以「禮」為形式，以「中庸」為方法。具體的做法是這樣的：

1. 要盡量保持古籍中原來的內容和文辭，「述而不作」。
2. 要刪去那些荒誕的無稽之談，即「不語怪、力、亂、神」。
3. 要批判不正確的議論，排斥一切反對中庸之道的議論。

整理六藝要有一套治學的方法，更重要的是有恆心、毅力，吃得了辛苦，耐得住寂寞。

孔子極為勤奮，起早貪黑，廢寢忘食，把心思都放在了整理「六藝」之上。

一天，顏回因為要幫孔子整理資料，便沒有回家就寢。半夜醒來，見孔子書房裡依然燈火通明。他擔心老師這麼大的年紀還為此勞累，會累出病來。他輕聲推門進去，想去替老師分擔更多的工作。當他悄然走到老師身邊時，老師卻沒有發覺，正在凝神工作。一會兒翻看資料，一會兒提筆寫字，一會兒沉思。顏回實在不忍心打擾老師，又躡手躡腳地退了出去，為老師做了些稀飯。

當他再次推門進書房時，老師似乎一直沒有挪動過身子，仍在那樣聚精會神地翻看書簡、寫著、思索著。顏回把飯輕輕放到桌上，沒想到老師突然抬起頭來，放下書簡，站起身來，伸了個懶腰：「回啊，是你嗎？」顏回勸老師說：「老師累了，歇一會兒吧，趁熱吃點吧！」

孔子端起飯來，有滋有味地吃了起來：「真有點餓了呢，好吃！」

孔子

此時，雄雞報曉，東方微白，天快要亮了，又過了一個不眠之夜。顏回走過去吹滅了油燈，推開向陽的窗子。燦爛的陽光照進這屋子，也溫暖了師徒二人。晨風習習，吹進來，又吹得師徒二人神清氣爽。

顏回吃過早飯再次回到書房，幫助老師收拾屋子。看到堆在房裡的竹簡一捆捆，一堆堆，其中有文學、天文曆法、醫藥、農桑、工藝、民歌、神話、歷史等等文獻資料的各種書籍。

顏回非常感慨：這麼多堆積如山的文獻資料還不足以作證，看起來整理六藝，談何容易？這是多麼浩大的工程啊！除了夫子，當今天下恐怕絕對無人再能肩負如此重任！

孔子最早動手整理的是《詩經》。

詩原只是人們的口頭歌唱。有了文字以後，人們把它記錄下來，有的還配上音樂，到了周代，天子組織了樂隊，專門演唱詩。為了滿足祭祀等盛典的需要，太師必須經常去徵集，編寫和整理一些歌詞，這樣，漸漸累積下來就形成《詩經》。

但是，由於各國的方言迥異，要相互傳抄和整理時，難免會有缺漏和差錯。孔子一向極為重視《詩經》，所以從青年時代起，便開始蒐集《詩經》的各式抄本。即使在周遊列國，忙於政務之時也不忘此項工作。因此，到他晚年整理《詩經》之時，他已抄錄了3,000多首詩。

孔子讓子夏幫助整理《詩經》。子夏以對問題理解、分析的深度成為孔子的得力助手。一天，子夏問孔子：「老師，弟子以為《詩》中有愛情之作，似嫌太多，要不要酌為刪減？」

孔子聽了子夏的話，失聲笑了起來，說：「真的多嗎？不多呀！吾道的核心即是仁，仁就是愛人，泛愛眾和親仁。禽獸還尚有雄雌之愛，何況萬物靈長的人呢？男女青年應當享受愛情。」

說著，他開啟《詩經》，輕聲唱了起來：

關關雎鳩，在河之洲。

窈窕淑女，君子好逑。

參差荇菜，左右流之。

窈窕淑女，寤寐求之。

求之不得，寤寐思服。

悠哉悠哉，輾轉反側……

孔子唱完說：「這首詩講述的是一個青年傾心於一個美麗女子，相思難眠，輾轉反側。其內容樂而不淫。我認為此詩感情純真、熱烈，應當把它列為《詩經》之首。」

子夏領悟到老師的意思，接著說：「有一首詩：『巧笑倩兮，美目盼兮，素以為絢兮……』也並非單純描寫女性之美。以弟子之見，素隱喻仁；絢，隱喻禮，『素以為絢』含有禮在仁之後的意思。」

孔子滿心歡喜地誇獎子夏說：「後生可畏，焉知未來之不去今也。」

《詩經》，又叫「詩三百」，是孔子從收集的許多首詩中選的305篇精品，配以樂曲達到了完美境界。

撰寫《春秋》

孔子71歲那年，魯國正是魯哀公十四年（西元前481年）時期。

魯哀公率領滿朝文武官員出曲阜城圍獵。那個時候，國君的狩獵被視為國家的盛典。出獵規模之大，人員之眾多，勝過以往。放眼這支壯大的隊伍，劍刀映輝，旌旗飄飄，儀仗盛大。到了大野山下，君臣換上

孔子

了戰馬,兵分幾路飛進山林裡。獵犬在前邊帶路,走卒在四處吶喊,整個山野一片喧鬧。

經過一場激烈的追逐射擊,還不到兩個時辰,等各路人馬重新聚攏到山腳下時,大家都有了自己的收穫。看著收獲的兔、狐、山雞、野豬等,大家談論著、誇耀著、說笑著。

一會兒,叔孫大夫的人馬回來了,只見兩個壯漢抬著一頭似小牛般大小的野獸,氣喘吁吁地緊隨在叔孫大夫後面,見了魯哀公,叔荊氏說:「臣獲得一隻怪獸,特來獻於主公。」

哀公仔細看著,那獸身子像獐,尾巴像牛,額像狼,四蹄像馬,身高大約二丈,身上有彩紋,腹下呈黃色。大家都紛紛議論道:「怪哉,怪哉!非牛非馬,非驢非鹿,四不像也⋯⋯。」他望著周圍的大臣問道:「眾位愛卿,有人認識這種怪獸嗎?」

眾大臣面面相覷,最後都低下了腦袋。

季康子眼睛一亮,提醒魯哀公說:「何不請孔老夫子來認認?」哀公於是命請夫子。

孔子年邁衰弱,又忙著整理六藝,本不想隨同前來,無奈身為大夫,只好前來。

孔子仔細辨認了一會兒,對魯哀公說:「此獸為叫麒麟。這是『仁獸』,只有太平盛世才會出現⋯⋯」

孔子剛說到這裡,季康子超前一步,躬身行一禮,向魯哀公說道:「恭賀主公大喜,天降仁獸。」

王公大臣們也仿效相國,紛紛跪在地上,齊聲祝賀起來。魯哀公自然也非常欣喜,說:「多依仗各位大臣辛勞,感動了上蒼。」

撰寫《春秋》

在眾人爭相賀喜之時，孔子卻退了回去，幾位弟子立刻隨之下去。走到寂靜的地方，孔子坐在山石上，禁不住掩面痛哭起來：「麒麟為什麼要來啊！如今真是太平盛世嗎？」

弟子問老師：「仁獸出現，是吉祥之兆，為什麼要如此傷心？」

孔子嘆了一口氣說：「從前天下如有聖人受命，必有好的預兆，有時是鳳凰出現，有時是麒麟出現。麒麟是太平之獸，屬聖人之類，而現在這個聖獸被人抓到了，這是不祥的預兆，天在告知我，吾道將窮矣！」

孔子一副悲傷的樣子。一會兒，嘆著氣說：「難道，就沒有人知道我？」

子貢在旁邊聽了，覺得驚訝，就問：「老師，怎麼說無人知道您？」

孔子說：「不，其實也沒什麼，我不受用於世，但不怨天，也不尤人。只是我認為天總會知道我的。」

孔子自覺得年老體弱，餘年所剩不多，已沒有什麼行道的機會，所以說：「我死後，吾道也不行啦！我如何把吾道傳於後世呢？」

孔子傷心極了。

在這種悲憤的心情下，他決意作《春秋》，為後世留下時代的烙印。

《春秋》，這裡指《魯春秋》，就是魯國的歷史，是魯國史官依照時間先後，逐年逐月逐日記載下來的大事記。累積時間長了，便成了一部編年史。

孔子要整理魯國的《春秋》，需要許多的參考書。除了本國的資料外，他還需要檢視周天子及其他諸侯國的史書來充實其內容，考證其真偽，糾正其誤差，才能編成一部前所未有的史料詳實的新《春秋》。

孔子派子夏等14人到周天子的藏書庫去借閱圖書，子夏一行不遠千

孔子

里到了雒邑，誠心感動了那兒的官員，終於借到了百二十國寶書。這些寶書名為魯文，實際上是諸侯各國的綜合編年史，涉及各個諸侯國的各種人物和事件。這在當時條件下，完全憑藉個人的力量，在短短幾年的功夫裡編修而成，實在不容易。

為了編纂此書，孔子一直在書房工作，吃喝在書房，睏了乏了，又「曲肱而枕」地睡在書房。冬天寒氣逼人，書房裡滴水成冰，凍得又紅又腫的手，握筆困難，也依舊堅持寫書。夏天，天氣悶熱難耐，孔子堆滿書簡的屋子，更是透不進風。到了晚上還有蚊蟲叮咬。

雖然孔子的幾個弟子要求做一些輔助性的工作，但是孔子仍堅持按照自己的想法自己寫，拒絕弟子們提意見、動手寫一個字，硬是堅持獨立完成。

魯哀公十六年（西元前 479 年）2 月 11 日，一顆巨星隕落，中國歷史上偉大的思想家、政治家、教育家，人類歷史上的文化巨人孔夫子與世長辭，終年 73 歲。

孔子的葬禮由他的學生們操辦。按照孔子的遺訓，喪禮簡樸節約，但是規模之大、規格之高卻大大超過了任何一個諸侯。陪靈的、弔喪的、送殯的，有上大夫，有王公貴族，有各國使者，也有平民百姓，還有生前的好友。魯哀公也前來弔唁，並在葬禮上宣讀了悼詞。

孔子的一生是偉大的一生，尤其是他的思想歷程，可以用下面這句話來概括：「吾十有五而志於學，三十而立，四十而不惑，五十知天命，六十而耳順，七十而從心所欲不踰矩。」

培根

培根

愉快的童年

　　1561年1月22日,在英國倫敦一戶新貴族家庭裡,一個嬰兒出生了。他就是以後我們都知道的法蘭西斯・培根(Francis Bacon)。培根的祖先沒有根深蒂固的貴族頭銜,到了他的祖父,還僅僅是個大寺院的僧侶管家。由於這層關係,培根的父親尼古拉・培根(Nicholas Bacon)才得以進入劍橋大學讀書。他學的是法律,為日後從政打下了基礎。

　　培根的父親老培根,天資聰明,而且十分刻苦認真。他學有所成,畢業後透過關係進入政界並逐步獲得英王的信任,先起用他擔任大法官。到了伊莉莎白女王時期,他又被任用為掌璽大臣。他熱心於科學和教育,同時,也對權力和財富充滿了興趣和心機。他曾利用宗教改革之機,憑藉父親擔任寺院僧侶管家的便利條件,把愛德蒙斯大寺院所屬的好幾處莊園都買了下來。

　　培根的母親安尼是個不平凡的女性。她的父親是位爵士,曾擔任過英王愛德華六世(Edward VI)的老師。安尼博學多才,舉止文雅,熟悉希臘文、拉丁文等多種文字,翻譯過許多著作,還熱心於宗教改革和文學研究。

　　培根的姨丈鮑萊更是個地位顯赫的人物。他是英國女王的財政大臣、國務祕書、首席部長,還有伯爵頭銜。這樣一個顯赫的家族,對於任何孩子來說,都是生活、學習的極好條件。

　　培根已經有了四位哥哥,因此他的出生,沒有為這個大家庭帶來過多的驚喜。可是培根在發育過程中,逐漸顯露出來的漂亮外表和聰慧過人的頭腦讓人稱奇,並因此獲得了全家上下,乃至親友們的好感和寵愛。

愉快的童年

　　童年的培根長得非常漂亮，皮膚白嫩，長著大而有神的灰色眼睛，眼睫毛長而向外彎曲，圓圓的大腦殼，四肢靈活健壯，滿身充斥著喜人的活力。尤其是他聰明的頭腦，讓所有見過他的人都覺得生出這樣的孩子簡直是個奇蹟。他未滿週歲就口齒清楚，教什麼能學什麼。不足兩歲他就能跟大人對話了。剛滿兩週歲，父母把他帶到哪裡，都會招來貴族、夫人甚至小姐們對這孩子的嘖嘖讚嘆。父母帶他出席各種社交活動，簡直是一種驕傲的表示。

　　大約 5 歲時，父親開始帶他到王宮去見世面。第一次面見女王時，父親曾擔心他膽怯出醜。可是，當女王問小培根年齡時，他不慌不忙地說：「我是在女王這幸福的朝代出生的，年齡比你的王朝還小兩歲。」女王對這孩子的回答充滿興趣，稱他是「我的小掌璽大臣」。培根的這次回答，一時在宮廷內外傳為美談。

　　女王吩咐，以後可以經常帶小培根到宮中來。這次晉見女王，為父母和在朝當政的姨丈以及所有的親友都增了光，全家人和親友都為有這樣一個孩子而自豪。

　　雖然小培根備受寵愛，但是他的父母卻未忘記對孩子的教育。因為他們知道，如果受寵的孩子不加以嚴格約束，很可能走上邪路。因此，他們為小培根的成長制定了嚴格的教育計畫，為他請了家庭教師，教他學習語言、聖經、神學，等他年齡稍大一些，開始教他學習英國歷史、世界地理、歐洲各國概況。

　　除此之外，母親還教他如何欣賞音樂和文學名著，怎樣使自己高雅大方，以及各種場合的禮節、貴族的交際習慣等等。

　　聰明的培根有極好的記憶和領悟能力，對所學的知識幾乎是教一兩遍就能銘記於心，還能悟出自己的理解。在父母的嚴格管教和引導下，

培根

培根從小養成了愛學習、愛知識的好習慣。

小小年紀，不管走到哪裡都被大人們寵著，可是他卻愛讀書勝過喜愛各種讚揚。誇讚沒有使這顆幼小的心靈沉醉，也沒有成為他的負擔。年齡很小時，他聽了別人的誇讚很高興，稍大一些對誇讚就習以為常了，年齡再大些，又把誇獎當成了學習的動力。這樣，兒童時代的培根就有了對待讚揚的正確態度。

少年進入大學

由於培根的聰明好學，到 12 歲時，他已經完成了中小學教育。這表明教師已經無法滿足培根的學習要求了。父母試著為他選了幾所中學，可是聽課後培根都認為上課的內容太簡單。於是，父母大著膽子把他送入了著名的劍橋大學，並為他請了當時學校最有學問的三一學院院長懷特姬夫特博士（Doctor John White-gift）作導師。

劍橋大學是英國的著名學府，開設了許多課程，主要有邏輯學、辯證法、修辭學、高級文法、宗教、歷史、語言學等。由於學生很少，導師可以像現代大專院校帶研究生一樣帶學生，既沒有系統性的教材，也不集體上課，而是規定各個科目的原著，讓學生自己去讀，有了問題來問導師。這種學習方式，要求學生必須有很強的自我控制和自學能力。

在這樣的環境中，一個 12 歲的孩子能適應嗎？培根的父母起初很擔心。事實證明，父母的擔心是不必要的，早熟的培根比那些年齡遠遠大於他的學生更有自制能力，對學習的興趣也超過了他的同學。

培根還有很強的獨立性，他沒有因為自己年齡小，要求特殊照顧，而是自願過普通學生的生活。他入大學後，很快就把自己融入了知識的

海洋，學習亞里斯多德（Aristotle）和柏拉圖（Plato）的著作。他的師兄們還在為看不懂而煩惱，小小的培根卻讀出了味道。

他從柏拉圖進而追溯到蘇格拉底（Socrates），從蘇格拉底那裡學到了辯證思考和辯論術。他從亞里斯多德的著作中悟到了大自然的奧祕，培養起了對自然知識的極大興趣，他逐漸有了自己的思考。

學校注重訓練學生的辯論才能，在訓練中，往往是用拉丁文或希臘文讓學生朗讀和辯論。那些論辯成績突出的學生一般都是學院的高材生。這種課程使一些不好好學習或較遲鈍的學生難堪，但是他們可以不參加。

在大學生中，培根雖然年齡最小，但是他卻對這種很具挑戰色彩的課程非常感興趣，幾乎每次論辯課他都參加，事先充分的準備，臨場即興發揮。每當他上臺論辯的時候，總引來許多師生們觀看。他那還帶著童稚嗓音的語調，講出話來卻有很強的邏輯性。他在論辯過程中從不強詞奪理，而是以充分的事實和嚴密的邏輯使人信服。論辯課使培根的思考能力、論辯能力得到了鍛鍊和提高。

培根喜歡讀書不是為獵奇而瀏覽，而是在讀書的同時加以思考。他小小的年紀，從不盲目崇拜任何權威。比如，當時亞里斯多德哲學被奉為真理，但是，培根卻勇於對亞里斯多德哲學提出疑義。他曾說，作為一種方法的亞里斯多德哲學，只是提出了辯駁和爭論的話題與方法，卻不能產生為人類生產和生活謀求福利的任何效果，這樣的哲學對人類有何意義呢？

在保守思想居統治地位的16世紀，成熟的思想家也未必能提出這樣深刻的疑問，而培根在15歲時就提出來了，由此可以看出他思想的深透和連結實際的傾向。正是這種傾向，萌發了他對科學和經驗的思考。這

培根

種追求貫穿了他的一生，並使他在後來的學習和研究中形成了影響近代思想發展的經驗唯物論。

培根在劍橋大學讀了3年書，興趣廣泛，所學課程多達數十門。他不僅對哲學和科學產生出濃厚的興趣，對藝術、語言、文學等也興趣極濃。他在這裡學會了多種語言，培養起了很高的文學素養。他的寫作，文筆生動活潑，語言美妙，把哲學和政論文章都寫得像散文一樣優美。

當大學生活結束時，學校對他的評價是：學習勤奮，對各門主修課程都達到了「精通」的程度。這樣小的年紀，獨自進入大學，在自己管理自己的條件下，能夠學到如此程度，不能不說培根是當時的奇才。

年輕外交官

隨著培根知識與能力的增長，父母認為小兒子將會很有前途。為此，他們透過各種關係和途徑，向王宮貴族、一切有權勢的人們宣傳培根的聰明才智。培根的父親在官場上不乏朋友，也不缺少官場經驗。但是培根當時年齡確實太小，還未達到能夠勝任要職的程度。不過，他們的活動還是有結果的。1576年，當鮑萊爵士被任命為英國駐法國大使時，伊莉莎白女王突然想起了小培根，提出讓他跟鮑萊爵士到法國工作。於是15歲的培根成了英國駐法國大使館最年輕的外交官。

培根來到了近代歐洲大陸思想和文化最高活動的地區——法國巴黎。這裡曾產生過許多偉大的思想家、文學家、藝術家。這裡創立了巴黎獨特的文化和學術活動形式——沙龍，即文人、雅士的客廳聚會，由一位貴夫人做東，邀請有名氣的文學家、作家、藝術家或哲學家在一起閒談，在閒談中互相激發思想或藝術的火花。

嚴格的教育，使培根深知工作和忠於女王是第一重要的。他到巴黎後，最初是把主要精力放在了熟悉外交事務和進一步精通法語上。半年中，他熟練地掌握了法語會話。當他熟悉了外交公文和辦事方式之後，就把主要精力轉移到了呼吸巴黎的文化空氣，參加巴黎的文化活動中來。

他作為少年外交官，頻繁參加巴黎上流社會的沙龍。他英俊的相貌、炯炯有神的眼睛、才思敏捷的頭腦，使他到哪裡都受到主人的特別歡迎。他知識淵博，思想深透，每遇爭論，總要談談自己的看法，這使那些盲目崇拜知識和學者的巴黎貴夫人們驚嘆不已。

培根在巴黎，不僅參加沙龍，而且觀察歐洲大陸的自然風光、經濟發展、政治變化、學術動向。他以極強的求知欲，全面了解英國以外的世界，這使他知識大增，視野開闊。後來，根據自己對巴黎政界的觀察，培根寫成了《歐洲政情記》(Notes on the States of Europe)，還作了大量的筆記和對沙龍的評論。

巴黎的學術活動對他的學術思想產生了極大的影響。可以說，還在別的同齡人盡情玩耍的時候，培根就以一個思想家的姿態開始學習、思考和工作了。這大概是他成為思想家和哲學家的原因之一吧。

就在培根沉浸在吸收新知識、產生新見解的時候，他的父親不幸去世了。培根不得不中斷外交官的工作，同時也中斷了他在巴黎的學習，回到英國參加父親的葬禮。

逆境中求學

父親去世後，培根的生活受到了很大影響。父親在世時，他的任何物質需求都可以從父親那裡得到滿足，從來不用為錢財操心。父親死

培根

後，他立即失去了豐厚的財源，原本講究奢華生活的培根，一下子感覺到了生活的緊迫。

還有，培根的政治地位在父親去世後也發生了變化。父親死後，原本對他很賞識和熱情的一些人，再見到他時變得好像從來不認識一樣，少年培根結束了童話般的生活，初步嘗到了世態之炎涼。

殘酷的現實，並沒有使培根消沉。他頂住壓力，適應了父親去世後的生活，很快就回到了自己喜愛的讀書和研究上，他熱心學問，勝過其他一切。

培根分得的那份遺產，不夠支付他日常的生活開支。他只能一邊工作，一邊學習或研究。培根根據自己的知識基礎、自身條件和將來的前途，選擇了律師當職業，做這一行，不僅可以謀生，還可以從政。當打定主意後，培根離開了溫暖舒適的家，住進了葛萊工會。

這地方相當於法律學校，是當律師必須進入的地方。培根以一個學生的身分開始學習和研究法律。在此期間，培根仍然是一邊學習法律，一邊找臨時性工作。

透過3年的刻苦努力，培根學完了全部法律課程，並以優異的成績通過考試，順利獲得律師資格。經過短暫的實習，他被聘為律師，終於有了正式的職業。

從政之路及貢獻

培根熱心學習，崇尚知識，但是他也沒有陶醉於對知識的掌握，而是把知識當成工具。當學業有成、當上律師之後，他開始為謀求官職涉足政界而奮鬥。

從政之路及貢獻

　　培根初涉政壇，就有了傑出的成就，年僅 23 歲就當選為國會議員，而且在以後的選舉中連選連任。他在國會的辯論很有名。他口才好，思路清晰、知識淵博、邏輯性很強，辯論問題總能一下子抓住問題的實質，在辯論中還不乏幽默與風趣。很多前來聽取國會辯論的人都說，聽培根辯論，猶如欣賞話劇，是一種享受。就是當時有名的劇作家，也佩服培根的辯論才能。

　　可是，國會議員是虛職，沒有什麼實際權力和報酬。培根要實現自己變革社會的政治抱負，僅僅在國會中空談不能解決任何問題。因此，從步入社會的那一天起，培根一刻也沒有停止對政府官職的追求。

　　在那時的英國，政府的官職是由國王任命的，為此必須討好某些權貴，除此之外，沒有別的辦法。由於家族的關係，培根在官場不乏熟人。宮廷大臣們絕大部分認識他的父親，有的還曾見過培根。其中，財政大臣之一還是培根的姨丈。為了得到官職，培根找遍了幾乎所有的關係，可是，對他的任命遲遲沒有到來。

　　官場的人對培根並不認可。那位姨丈不僅不推薦他，還嫉妒他。而可悲的是，培根對此卻一無所知。他曾多次向姨母求情，然而，即使這骨肉親情，表面上對他表示同情，實際上也不支持他獲得官職。從這裡不難看出官場的虛偽。在整個伊莉莎白女王時期，培根奮鬥幾十年，卻始終未得到他想得到的官職。

　　就這樣放棄嗎？不，培根沒有放棄。他知道女王那裡是沒有希望了，那麼將來誰會繼承王位呢？憑藉智慧的目光，他預見到女王的姪兒詹姆士可能當政。於是，又轉而聯繫詹姆士。他的努力獲得了回報。新王朝成立數年後，培根被任命為副檢察長。6 年後，他得到了檢察長的職位。又過了 1 年，他被任命為他父親曾做過的官職——掌璽大臣。再

培根

過1年，他成了英格蘭大法官。官職達到登峰造極的地步，也就意味著要走下坡路了。

3年後，培根因受賄罪被控。經法院判決，剝奪了他的一切官職，並宣布，在國家或聯邦中永不僱用，不得擔任任何官職。從此，培根永遠結束了他的政治生涯。

培根的一生有得意和失意的時候。

失意時從不氣餒，他把主要精力用在了對知識的追求和研究中。他那些偉大的著作和不朽的思想，絕大多數是在失意的時候完成的。

培根在追求官職的過程中，從沒有忘記推進人類知識志向。他的主要理論著述都是在做官期間完成的。1597年，培根的《論說文集》(*The Essays of Francis Bacon*)問世，這是一本關於政治倫理道德的論文集，當時共收有10篇文章。1612年、1625年，培根增訂了《論說文集》兩次，共收入了58篇文章。在《論說文集》中，作者對事物的精闢分析，豐富而又深刻的思想，嚴密的邏輯，警策的語言，至今閃耀著智慧的光芒。

1605年出版的《學術的進展》(*The Advancement of Learning*)，是培根關於知識論的著作，是其全面改革知識的龐大計畫《偉大的復興》(*The Great Instauration*)的第一部分。在這部著作中，他批判了貶損知識的蒙昧主義，從多方面論證了知識的巨大功用和價值，為以後提出「知識就是力量」打下了基礎。

1609年，培根用拉丁文寫的《論古人的智慧》(*The Wisdom of the Ancients*)出版，在該書中，他選取31個優秀古希臘神話故事，運用其豐富的想像、深邃的哲理、精巧的才思表述了自己對政治、科學、哲學問題的見解。《學術的進展》和《論古人的智慧》的完成，為培根的主要著作《偉大的復興》的創作鋪平了道路。

1620 年，未完成的鉅著《偉大的復興》出版，其主要部分就是著名的《新工具論》(*Novum Organum*)。培根之所以起名《偉大的復興》，就是為了強調不能透過舊哲學，而必須透過科學、藝術以及人類的一切知識來改造世界。

培根在哲學方面的成就是巨大的。他是西方哲學史上第一個較全面、較深刻地批判經院哲學的人，並且貫穿了培根著作的始終。在同經院哲學的鬥爭中，培根建立了自己的唯物主義經驗論。他以知識論作為自己哲學的中心問題，把改造人類的知識、實現科學的「偉大的復興」、建立一個能促進生產發展和技術進步的新哲學當作自己理論活動的最終目的。

作為偉大改革家的培根意識到，要倡導科學，利用科學改造人類物質生活條件，就必須批判蒙昧主義，讓人們充分認知到知識的功用和價值。培根提倡面向自然、探索自然規律，反對柏拉圖的唯心主義，堅持唯物主義經驗論，反對經院哲學脫離實際，隔絕人與自然的連結，宣揚權威主義、教條主義、蒙昧主義的做法。他批判「知識即罪惡」的謬論，認為知識不僅是促使社會發展的革命力量、人性自我完善的動力，而且是認識自然、駕馭自然的力量。

在人和自然的關係上，培根既強調「人是自然的僕役」，人必須服從自然規律；又強調人的作為，人是自然的主人，人類命令、駕馭和征服自然的力量泉源在於對自然規律的認識。知識就是對規律的認識。講述了掌握自然規律的重要性，只有真正掌握它，人類才能識得真理、得到自由。

培根在認識論方面開創了以認識論為中心的一個新的哲學研究時代。在《新工具論》中，培根闡發了其經驗論的認識原則，為恢復人們對

自然的統治權開闢了一條與以往完全不同的道路。他認為，人類要獲得知識，恢復對自然的統治權，就必須重新與自然接觸，以新的眼光觀察事物，透過觀察與實驗得出規律性的知識，這與亞里斯多德的《工具論》（*Organon*）中的舊方法完全不同，所以他稱之為《新工具論》。

　　培根透過對以往哲學的剖析發現，人們不能正確反映客觀世界的原因在於，他們自身存在獲得真理的心理障礙，他稱之為「假相」，這就形成了他具有獨創性的假相說。這在當時對解放思想、摧毀封建主義的思想堡壘發揮了重要作用。而且他在假相說中接觸到了認識論中的一些複雜問題，如主觀與客觀、感性認知與理性認知等，這對哲學研究發揮了很大的促進作用。

　　排除了獲得真理性認識的心理障礙之後，培根提出了唯物主義經驗論的認識原則，明確提出「人是自然的僕役和解釋者」、「知識就是存在的映像」，把感性自然、客觀存在的經驗事實說成是認識的對象，從而把經驗從一向受鄙視、受貶損的卑賤地位上升為一種科學原則，一種考察方法，使之成為科學上、哲學上一種不可缺少的依據，這是一條全新的唯物主義認識路線。

　　他知道感覺的局限性，強調必須把感性認知與理性認知相結合。他認為一切真正的知識都是在經驗材料的基礎上經過歸納、分析、比較、實驗等理性方法整理得來的，感性知覺只是認識的開始。他倡導實驗，認為實驗比感性直觀更優越。因為透過實驗可以把觀察的對象從複雜的關係中抽取出來，使事物的因果關係更為顯露。他在《新工具論》中強調說：「一切比較真實的對於自然的解釋，乃是由適當的例證和實驗得到的。感覺所決定的，只能接觸到實驗，而實驗所決定的，則接觸到自然和事物的本身。」

培根為了開闢科學的認識論之路，在《論古人的智慧》、《論原則與本原》和《新工具論》等著作中，大量論及本體論的問題，建立起了他的唯物主義自然觀。他繼承、發展了古代唯物主義關於物質是萬物本源的思想，肯定世界和一切事物都是由物質構成的，反對把物質看作抽象的東西，強調運動是物質的根本屬性，運動是絕對的，靜止是相對的。他還指出物質是永恆的存在。培根賦予物質以實在的、能動的性質，以及各種特殊的個性，是唯物主義的，且具有辯證法的思想因素。

　　培根還是近代歸納邏輯的主要創立者。他認為亞里斯多德所提出的三段論不能發現科學原理，而舊的歸納法，即簡單列舉法，又得不出可靠的結論。因此，培根給自己的任務是清除科學復興道路上的障礙，制定認識自然的新工具。他在《新工具論》中闡述了建立一種新邏輯的設想，這種新邏輯就是他所說的真正的歸納法。培根對歸納邏輯的重要貢獻是提出了三表法和排斥法，並把它們作為整理和概括經驗材料的歸納方法。他不僅倡導科學的歸納法，還具體地規定了歸納的目的、原則和基本程序，從而帶給歸納邏輯以新的內容和新的生命，被譽為「近代歸納學說之父」。

培根

卡內基

卡內基

出色的電報員

　　安德魯・卡內基（Andrew Carnegie）是控制美國的 10 大財閥之一，也是聞名世界的鋼鐵大王。

　　他的父親威爾辦了一個紡織業家庭工廠，但是那時是英國政治與經濟的轉型期，因此家庭工廠紛紛倒閉，不得已全家移民美國。

　　卡內基的母親瑪琪（瑪格麗特的暱稱）以縫鞋為副業，工作場所設在家中的二樓。每當母親工作忙碌時，卡內基總在一旁幫忙穿針引線，還在吃奶的弟弟湯姆則在搖籃裡香甜甜地睡著。

　　每天一大早卡內基就起床。由於沒有自來水，一切用水都是在附近僅有的一口井排隊打來的。每天，卡內基都要用大木桶，來回挑幾次水，而後才吃早飯、上學。

　　卡內基 13 歲那年，一個偶然的機會，使他走進了匹茲堡的大衛・布魯克斯先生的電報公司。當時，聽說這家公司需要一位送電報的信差，卡內基的父親便帶著他想去碰碰運氣。到了電報公司門口，他突然決定一個人進去求職，讓父親在外面等著，他父親疑惑不解，但是他神色堅決：「我想一個人單獨去試試看。」

　　在一星期內，卡內基實現了自己面試時許下的諾言，熟悉了匹茲堡的大街小巷，兩星期之後，卡內基連郊區也瞭如指掌。「這個蘇格蘭小個子挺勤快的嘛。」公司上下都對他頗多讚譽。進入電報公司 1 年後，卡內基已成為信差的管理者，這意味著卡內基在信差中的地位。

　　當時投遞的電報超過責任區可索取 1 毛錢的小費。電報童常常為這 1 毛錢外快，紛紛爭搶這份差事，引起衝突。從卡內基當監督起，衝突就消失了，因為卡內基規定：「小費全部放在箱內，到月底大家再分。」

每天早上，大家輪流提前1個小時到公司打掃，但是卡內基自己則每天都提前1個小時到達公司。打掃完畢之後，他就悄悄跑到電報房操作電報機，卡內基極其珍惜這個短暫的學習機會，對此，他毫不以為苦，有的只是無比的興奮。

每天早上的祕密工作日復一日地進行著。

一天早上，像平常一樣，卡內基一大早到達公司，剛進入電報房，只聽有人在喊：「緊急電報！這裡是費城電報公司。一位叫沙利邦的人過世了，誰能收下這份電報？」

卡內基立即收報，記在紙上，趕忙送到收報人家裡。大衛總經理到公司後，聽到卡內基作的彙報，相當讚許。

一個月底的黃昏，電報童穿著綠色的制服排成一列，等著領取月薪，唯有卡內基被總經理叫到另一間房裡。

「大概是偷偷操作電報機的事被發現了，真糟，弄不好得開除了。」

卡內基心裡七上八下。

「你做得很好，這個月開始幫你加薪，好好做。」

真沒有料到總經理是這個意思。

卡內基這個月領了13.5元，比上個月多出2.25元。這對於一個年輕的男孩而言，真是筆鉅款。

領了薪水，卡內基急不可待地跑回家。

他一回到家，像往常一樣將薪水交給母親，卻把增加的薪水存起來了。

一天，總經理問卡內基：「願不願意去格林斯堡工作幾天？」

格林斯堡位於約翰斯敦和匹茲堡之間。那裡的電信局報務員臨時請假，幾天後回來，要求總部派人暫時代理他的職務。

於是，卡內基出發了。途中，他看見數以萬計的工人在開山埋溝，進行鐵路鋪設工程。

「這大概是賓夕法尼亞州的鐵路工程吧？」

卡內基自言自語。

「對，年輕人，而且鐵路快完工了。以後費城與匹茲堡間有鐵路相連了。」

駕駛座的老人大聲說道。

格林斯堡旅館是一棟木造的兩層建築，電報公司的分公司，就設在旅館中。

開啟事務所的門，卡內基被帶到一個身材魁梧的男子跟前，這位臨時要請假的報務員態度相當傲慢。

面對傲慢的報務員，卡內基決定用行動來回答，他進入電報房，在機前正襟危坐，一聽到收報音，就有板有眼地在電報紙上，寫起電文。

報務員在一邊看得目瞪口呆。

卡內基在格林斯堡圓滿地完成了代理報務員的任務，回到匹茲堡後，開始考慮起新聞電報稿的統一問題。

「記者先生，5家報社都發內容相同的電報，不是很浪費嗎？」

一天，卡內基向每天傍晚要到電報公司抄寫來自紐約、華盛頓電報的5家匹茲堡報社記者的其中一員問道。

記者一臉不以為然的表情：「不，不完全一樣。」

「不過，我所聽到的收報音，均是一樣的。如果要省些電報費，不如統一發電報稿。」卡內基堅持道。

「你這樣說，是想被公司開除吧？」

記者半認真半開玩笑。

「記者先生，統一發電報稿沒關係的。我可以把電報稿複製成5份，分送到5家報社。」

報社考慮到卡內基的建議不錯，可以省去發電報的那份錢。為了表示謝意，5家報社決定每週給卡內基1元的報酬。

當卡內基16歲的時候，他迎來了一次展現自己的機會，當時俄亥俄河決堤，使得河畔一個叫斯托本維爾的城市電報線全部被摧毀，並且與哥倫布、辛辛那提以及路易維爾等中西部重要城市的聯繫幹線全部中斷了。

無論是對卡內基或是對他所在的電報公司來說，這都是一個沉重的打擊。

當接到「連夜趕往斯托本維爾」的命令時，卡內基早已做好了前去冒險的準備。事先他已經預料到人手可能不夠，於是他就帶了他手下的電報童一起往該市趕去。

當時，由於只能接到東部發來的電報，卻無法將電報發往西部，所以卡內基每隔1個小時，就必須請夥伴送電報到下游的惠靈鎮，利用順俄亥俄河而下的船隻來送電報，當然是一個變通的好辦法。因為這樣，就可以直接在惠靈鎮發電報了。

這個年輕人終於在考驗中獲得了成功，並且因為對該事件處理得當，卡內基受到加薪的獎勵。當月薪超過30元的時候，他興奮地對母親說：「媽媽，現在可以還清借款和買房子了。」不久，舅舅霍甘就把自己購下的房子賣給了卡內基一家，並且允許他們分期償還房款。

卡內基剛滿17歲的那一年，在匹茲堡的報紙上，刊登了賓夕法尼亞州鐵路公司大幅報導：「匹茲堡與費城之間的鐵路終於通車了。」

實際上，這條鐵路並沒有完全通車，在相當長一段時間內，列車必須繞過約翰鎮的斜坡地帶，才能通行，真正不換車而直達費城是兩年後的事情。但是，在當時，這已經是歷史上的壯舉了，卡內基的電報公司也因此歡欣鼓舞。

「聽說賓夕法尼亞州鐵路要在匹茲堡設立西部管理局。到時候，電報的收發量，不知道要增加幾十倍呢！」

「湯姆·斯考特先生將被任命為西部管理局局長。」人們紛紛議論著。

果然，第二天早上，斯考特先生乘著馬車前來拜訪電報公司了。他身穿黑色禮服，打著蝴蝶結，頭帶絲綢小禮帽，身材非常高大。整個人看上去相當氣派。

卡內基的眼睛睜得大大的，直瞪瞪地看著這輛漆黑亮麗的馬車。因為還沒有到上班時間，卡內基只好一個人出來接待這位不速之客。斯考特先生英姿煥發，溫文爾雅，對人也十分客氣，他想請卡內基把15封電報發出去。

卡內基立即發了15封電報。由發的電文可以看出，這是一種指令電報。電文對由匹茲堡到亞利加尼斜坡地帶的約翰斯敦的各新站作了如下指示：為使匹茲堡開出的火車暢行無阻，由各站幹線分出的線路，必須保持時間差距，以避免火車浪費時間等待錯車。「謝謝！安德魯，我還會再麻煩你的！」卡內基將15封電報全部發完後，斯考特先生再三道謝後離開。但是到中午的時候，他又拿著相同的電文，特別指名：「請安德魯發電報！」

剛剛上任，湯姆·斯考特先生就做了大刀闊斧的改革，首先他把運費大大地降低，也正因為如此，他在剛剛得意之時，受到了多方的責難和非議。

一天早上，斯考特先生和往常一樣來到電報公司，和前來事務所視察的電報公司董事長會談。他們談話的內容恰好被卡內基無意中聽到。

原來，斯考特先生打算架設專用的直通電報線。但是他想找一個專線的報務員，卡內基是他唯一相中的人選。

電報公司極力挽留卡內基，願把月薪出到 33 元，但斯考特卻願意給 35 元。看來這位年輕的鐵路管理局長決心已定。

卡內基非常興奮。他所在的賓西法尼亞州鐵路，是大西洋延伸到大西部的大鐵路之一。有自己的新設的發報機，以前學的複式會計也派上了用場，前途一片光明。下班後還可以在自己的房間裡讀書充實自己，他感到十分滿足。

股票投資

卡內基是幸運的，因為機遇又一次擺在了他的面前，而他又把握住了這次機遇。

有一天，斯考特先生突然問卡內基：「喂，卡內基。你能籌到 500 元吧？」他就像在說 5 元那樣無關痛癢的小錢似的。「50 元？」卡內基不相信自己的耳朵，自動地減去一位數而重新問道。因為事實上，他全部的積蓄不過 50 元。

「不，我說 500 元。」斯考特先生回答，語氣中，倒是強烈地暗示著他不信卡內基不能籌到這筆錢。卡內基表示為難，但是並沒有讓臉上露出一絲難色。

由於支付亡父的醫藥費喪葬費，家裡的錢已經差不多花光了。並

且，他們每年還要付房款給舅舅。對於卡內基和他困難的家庭來說，負擔是十分沉重。但是這棟房子的總價恰好是 500 元。

「我的一位朋友過世後，他太太將遺產的股份賣給友人的女兒。現在這位女士急需用錢。想轉讓股份，是亞當斯快運公司的 10 股股票，恰好 500 元紅利是一股 1 元。這是非常穩定的股票，很快就會漲價，我想你應該買的。」斯考特先生平靜地說。

「亞當斯快運公司的股票那麼有希望嗎？」

「你也是鐵路的一員啊，應該知道亞當斯是美國最悠久的快運公司。在你來美之前，它在波士頓、費城、匹茲堡、華盛頓、聖路易及歐洲各地就已經有分公司，如美國快運公司及威爾斯‧法戈等運輸公司，都以經營鐵路運輸賺了大錢，另外還經營匯款業務，目前正在經營銀行業務，明白了吧？」

「明白了，不過……」

按照目前流行的卡內基傳記的說法，在斯考特的極力鼓吹及母親瑪琪願代為籌集之下，卡內基做了生平第一次的大投資。瑪琪聽到兒子的計畫以後，第二天一早就動身前往俄亥俄州的東利物浦，拜訪了經營龐大不動產兼投資事業的胞兄，將住宅做第二順位抵押，借得 500 元回來。同是蘇格蘭移民的胞兄，是一位成功的企業家，就這麼輕易地貸出這筆鉅款。然而另一種版本的卡內基傳記則做了如下描述：「500 元？這麼大的一筆錢，我籌不出來。」卡內基婉言拒絕斯考特先生。但是斯考特先生近乎憤怒地說：「好，那我先墊好了，好歹要把它買下來。」這種說法看起來似乎較為合理些。

「是。」卡內基不好推辭，就答應下來。但是第二天，斯考特先生的從容勁消失了，沮喪地問道：「對不起。人家非 610 元不賣，還要嗎？」

「要,我還是要買下來。先代我付610元。」這回卡內基的精神卻來了,或是昨天受了斯考特先生的鼓舞,或是他本身所固有的堅強和自信促使他答應了下來。

1856年5月,卡內基寫了一張610元的借據,並且載明還款期限是半年後的5月1日。他把借據和股票當擔保,留給斯考特,半年利息10元。這相當於第一次所分配的紅利的數目。

半年內,卡內基母子省吃儉用,終於還掉200元債款,剩下的410元卻再也無力償還,到此,正如一般傳記所說的一樣:「我去借借看!」母親瑪琪乘船溯俄亥俄河而上,拜訪住在俄亥俄州東利物浦的胞兄。她以房子當抵押品,以百分的高利,借了400元回來。

不久,一封上面工整地寫著「安德魯‧卡內基先生」的信寄到卡內基手中,信封裡裝有10元紅利的支票。卡內基毫不猶豫地把它還給斯考特先生作為利息,那一刻,他沉浸在「我也是資本家」的成就感之中,這著實讓他高興了好一陣子。

當朋友們又聚會在一起的時候,卡內基坦白地說出了「股票事件」的整個過程,結果被同伴們指責說:「你已經是資本家陣營中的一員了!」

儘管鄧弗姆林的民權運動,已經完全地平息下來,但是亞利加尼的夥伴們,仍然以民權運動者自居。自然要仇視資本家和所有的有錢人了。

民權運動是在卡內基渡美10年前,也就是1838年左右,發生在英格蘭的激進社會主義運動。該運動屬於無產階級運動,主張實行大選舉,並且要求廢除議員候選人的財產限制。在一場充滿民權氣息的晚會中,卡內基向朋友們宣布了他的觀點:「這裡有下金蛋的鵝!」聽了這話大家莫名其妙,一時摸不著頭緒。卡內基接著解釋道:「既然千里迢迢來到亞利加尼這個地方,不如在這機會均等的開放社會中,專心一意地尋找金蛋。」

卡內基

晉升局長

當年秋天，斯考特先生高升了，做了阿爾圖納事業總部部長。

隨著斜坡地帶迂迴道路工程的進展，阿爾圖納的調車場以及維修場擴大了。事業總部變為實際的營業中心，所以對湯姆‧斯考特先生而言，成為總部部長，就意味著進入直屬董事長的中樞部門內，地位大為提高。

「願意一起去嗎？」斯考特先生這樣問卡內基道。

「願意。」

「當總部祕書如何？月薪 55 元。」

「謝謝，我願意。」卡內基當時真想跳起來並一把抱住斯考特，但是他抑制住了這種感情，強作鎮靜地說道，然後他向斯考特先生深深地鞠了一躬。

月薪一下子增加了 20 元的卡內基宣布說：「母親不用再做副業了。」

卡內基隻身前往阿爾圖納，住在調車場附近的一家旅館。而剛剛喪妻的斯考特先生，將兩個女兒託付給姪女和女傭，隻身赴任，與卡內基同住一家旅館。從此以後，兩人的友誼更加深了。

身為鐵路事業的總部祕書，雖然卡內基心裡不像湯瑪斯父子那樣，想發一筆南北戰爭財，但是他確實想試試看。他走訪了匹茲堡銀行，申貸第一次必須繳納的 200 餘元，雖是無擔保的申貸，但是他在教會裡認識的銀行家洛伊德說：「那倒是值得投資的事業，我願意借錢給你，將來要是賺了大錢，要存入我的銀行啊！」卡內基慨然應允。

公司成立後，不僅賓夕法尼亞州鐵路簽下了臥鋪車訂單，其他公司

的訂單也源源不斷，因此，卡內基 200 餘元的投資，一年之間紅利不下 5,000 元。

1859 年秋天，斯考特晉升為賓夕法尼亞州鐵路的副董事長，而卡內基再過數日就 24 歲了。

這一次，卡內基沒有跟斯考特一起到費城去任職，而是接受斯考特的推薦，成為了匹茲堡管理局長，整個賓夕法尼亞地區是他的管轄範圍了，年薪 1,500 元。卡內基十分高興地告訴家人這個消息。

創立公司

1861 年 3 月 4 日，爆發了美國歷史上的一次內戰——南北戰爭。

戰爭的發展，使美國鐵路的需求更為迫切，原來的許多木製的鐵路橋，亦因戰爭的需要而改為鋼鐵製造的橋樑。鐵路用的鐵軌亦逐步改為鋼軌，這需要大量的鋼鐵。

匹茲堡、費城的鋼鐵製造商在國內銷售賓夕法尼亞州的鐵製品，也曾引入價格便宜、品質較佳的歐洲和瑞典的製品，但是因南北戰爭的爆發，這種情況已發生了改變。由於鐵路的發展十分迅速，鍛鐵和壓延鐵（它們比鐵更先進）的市場需求日益高漲。

實際上，南北戰爭的總費用達到 30 億美元，而相當大的部分流入了北軍轄區匹茲堡鋼鐵製造商手中，車軸的價格從每個 2 分漲到 1 角 2 分，是戰爭前的 6 倍，而車軸又是貨車頭、客車和貨車不可缺少的零件。

由於戰爭的進展，許多鐵路橋樑受到破壞，必須及時修復，當卡內基修理被燒毀的橋樑時，他再次思索起用鐵橋代替木橋的方法來，這個

卡內基

念頭一直纏繞著他。突然，他心中一動，想起在阿爾圖納工地曾看到的鐵道小橋。

卡內基立即動身去拜訪鐵橋的設計者林威爾和席夫拉兩位工程師，在交談中，他們都提起了有位名叫比波的工程師，是架橋工程首屈一指的天才，於是卡內基極力請這位工程師前來。這位比波工程師沉默寡言，個性保守，服務於賓夕法尼亞州鐵路阿爾圖納事業總部的治線維修部門。

「林威爾先生等一致認為建設鐵橋是可行的，而您可以辦到。」

聽了這話，比波顯得興趣十足，他說：「這是非常有趣的構想，我想可以行得通，讓我試試看。」

卡內基建議道：「辭去鐵路部門的工作吧，我打算成立一家專門建造鐵橋的公司，你就加入這家公司，讓你入股，好嗎？」

林威爾、席夫拉、比波、卡內基與他的弟弟湯姆共5個人，每人都出資1,250元創立公司，由於比波承擔技術工作，他的股金由卡內基代出。

「改天也請賓夕法尼亞州鐵路的湯姆遜董事長與陸軍助理次長斯考特先生加入。」

「對了，股金若增加的話，就可以擴大公司，到時候林威爾和席夫拉就沒有發言權了。」

這是卡內基的習慣性策略。但是他卻只能在心裡想，不能說出來。

卡內基還將柯路曼，一位製鐵的天才工程師，與比波放到一起，這樣一來，他的公司便有成為稱霸美國大企業的基礎發展，卡內基對此樂不可支。

最初的訂單是潘漢德爾鐵路在俄亥俄州的一家地方公司訂的，這家地方鐵路計劃在斯托本維爾建立橋梁，橫跨俄亥俄河。在卡內基的竭力爭取下，公司得到了這宗生意，那家地方公司的董事長將建造木橋的計畫改變為建造鐵橋。

當卡內基還是個電報信差的時候，俄亥俄河的泛濫使斯托本維爾的電報線全遭毀損，他帶著那一夥兄弟趕往救援的情景現在歷歷在目。這是一個令他懷念的城市，如今，卡內基要在那寬闊的俄亥俄河上，建造一座90公尺長的鐵橋，他為此感到興奮和自豪。

當潘漢德爾鐵路董事長約韋特看到工地上數十根鑄鐵製成的鐵柱時，不禁大吃一驚，看著那些並排的鑄鐵滿臉疑惑。

「這麼長的鐵柱，怎麼使它們立在俄亥俄河中呢？」

俄亥俄河鐵橋終於成功地完成了建造，沉重的火車頭拖著3節貨車，安全地通過了鐵橋。

正如卡內基計劃好的，賓夕法尼亞州鐵路的湯姆遜董事長以太太的名義入股，成了大股東，當時已任陸軍助理次長的湯姆・斯考特持有8萬元股票，與臥鋪車輛製造公司那時相同，以折半為條件用卡內基的名義持有，公司取名為拱心石橋梁公司。

當初卡內基以賺大錢為目標，如今終於得到了機會。在陸軍部，斯考特掌握實權，訂單不斷，而其他公司的線路建橋工程的訂單也蜂擁而至。

湯姆遜在給賓夕法尼亞州鐵路董事會的函件中寫道：「拱心石橋梁公司的比波，在本公司任職期間，成功地完成了各項工程。鑒於其卓越成就，對他為公司所施工的橋梁工程的新興事業，本人可毫不猶豫地向各位董事大膽推薦。」

在聯邦政府的經費補助下，聖路易決定在密蘇里河上建一座鐵橋，拱心石橋梁公司承攬了這項大工程。

在卡內基建議下，把都市鋼鐵公司一分為二。卡內基請霍姆伍德鎮的企業家們一起投資產油河的油井，柯爾曼先生為大股東，建立了以希臘神話中的獨眼巨人為名的公司，即獨眼巨人製鐵公司。後來這兩家獨立的鋼鐵公司演化成了聯合製鐵公司。

鋼鐵產業的崛起

隨著時代的發展，歐洲已經開始向「鋼」時代邁進。卡內基了解這種情況後開始著手製造鋼。

不久，在聯合製鐵廠裡，聳立起一座22.5公尺高的怪物，這是當時最大的溶礦爐，取了湯姆的未婚妻的名字，被命名為露西爐，露西爐建造耗資巨大，超出預算兩倍。

在當時，從原材料的購入到產品的賣出，往往處於混亂狀態，到結帳時才知道盈虧，完全沒有什麼系統的經營方法。卡內基大力整頓，在工廠管理方面已改變了那種不周密的管理方式，貫徹了各層次職責分明的高效率概念，大大提高了生產力。

在寒冷的北風吹拂下，中央公園內夜深人靜。

號稱當地第一飯店的紐約聖尼古拉斯大飯店，是一座刻有希臘式風格雕塑的建築。在一個角落裡，一位年齡與卡內基相仿的紳士正在獨自享用點心。

當這位紳士吃完點心匆匆離開後，卡內基快步跟出門外，尾隨那位紳士，並且打著招呼：「嗨，散步啊？」

這就是喬治‧普爾曼（George Pullman），他仿照伍德拉夫的設計，製造新的臥鋪車，他所製造的普爾曼皇宮車是一種寬闊的臥鋪車，這使他獲得了很大的成功。

如今，在美國各地賓士的臥鋪車就叫做普爾曼車。

這時，聯合太平洋鐵路準備在聖尼古拉斯大飯店召開董事會，決定這條橫貫大陸的鐵路向外定購的臥鋪車車種，卡內基知道了這個情況之後，立即在這家飯店訂了一個房間，但是還沒有來得及與總裁艾姆茲直接交涉，就得知訂單已給了普爾曼。

「聽說您已經收到了艾姆茲的訂單了？」卡內基問道。

「哦……這，是的。」

「對不起，我是卡內基。」

「啊？你就是卡內基先生，有什麼需要幫忙嗎？」普爾曼有點尷尬。

卡內基的話更令他吃驚：「讓我們共同製造臥鋪車怎麼樣？」

「你的意思是……？」

「假如不行的話，那我們不得不傾銷臥鋪車了，這實在也是形勢所逼呀。」

「如果合併，新公司的名字是……」

「普爾曼皇宮車。」

卡內基立即回答，似乎有點漫不經心。看到普爾曼陷入了沉思，他於是建議道：「到我房間去談談吧，我們可以喝一杯。」

說著，卡內基向他的房間走去，隨後走進他房間的普爾曼注意到他桌上的一張電報：「貴電已拜讀，如果普爾曼與伍德拉夫合併，賓夕法尼亞州鐵路的大量訂單將給合併的新公司。特此約定。湯姆‧斯考特。」

普爾曼讀完這封電報,很快就同意卡內基的合併計畫。

普爾曼走了,卡內基立刻連絡湯姆·斯考特:「普爾曼已被攻陷,繼續進攻聯合太平洋鐵路!祝你成功!」

事實上,果然不出卡內基所料,僅僅5年以後,湯姆·斯考特便占據了聯合太平洋鐵路。

在匹茲堡的西南方,莫農加希拉河流的彎曲處,剛好就在卡內基兄弟公司的布拉德克工廠北方斜對岸,有一稱為霍姆斯特德的地方,7家匹茲堡中型製鐵公司在這裡聯合買下廣大的工廠用地,建造了一座製鐵工廠,其設備規模不亞於卡內基的布拉德克工廠。

「嘿!在霍姆斯特德⋯⋯那會成為不可輕視的競爭對手。」弟弟說道。

「什麼時候把它吃掉?」哥哥問道。

「我知道啦!不過,哥哥現在不是要帶媽媽去實現當年的夢想嗎?儘管去玩吧。」

一天,卡內基回到辦公室不久,弟弟便衝了進來:「哥,機會來了!霍姆斯特德工廠一片混亂啊!」

根據湯姆的報告,競相傾銷的霍姆斯特德工廠陷入罷工狀態,7位合夥人因與勞方交涉問題意見不一,以致絕交。

「罷工拖得很長嗎?」

「我想是的。」

「溶礦爐的火,一直熄著嗎?」

「是的。」

「公司的資本情況怎樣?」

「公司到處借債，資金周轉不靈。甚至麥隆父子也打算不再借錢給他們了。」

「你的情報大概都是從麥隆那兒來的吧？我不會看錯人！」

卡內基說完，露出了自信的微笑。擊潰霍姆斯特德工廠嗎？不，若能買下它，並作為今後的另一種經營方式，那麼現在公司在全美 1／7 的鋼鐵生產占有率將迅速上升到 1／3。再加上那裡土地遼闊，易於拓展，在那兒建造世界上最大的大溶礦爐和直入雲霄的鐵骨屋頂工廠。沒錯，就這麼辦。

「湯姆，35 萬元買得到它嗎？」

「首先去說服麥隆的兒子，以斷絕他們的後路。不過，35 萬元還太高呢！」

湯姆回頭看著哥哥的臉，吃驚地、一字一句地說：「對這 7 個人，一個一個說服嗎？」「霍姆斯特德工廠的 6 名投資者要拿現金交易，這容易打發，但是只有一位叫喬治·勝家的股東不願意，他聲稱要取得卡內基的股份。」

最終湯姆以 1 萬元為起點，開始與工廠的合夥人談判。然後以卡內基股份 5 萬元達成協議。被收購的霍姆斯特德工廠，在 5 年後純收入超過 500 萬元。

卡內基提升 39 歲的佛里克為卡內基兄弟公司的董事長，表面上看，剛上任的佛里克只擁有公司股票的 2%，但是佛里克的手腕相當厲害。事實也證明了這一點，在他就任董事長的第二年，通過各種途徑，公司純利即達 350 萬元，第三年就升到 535 萬元。

狄克仙鋼鐵公司與霍姆斯特德鋼鐵公司一樣，是由匹茲堡的 6 位鋼鐵業者聯合投資興建的。它們所發明的壓延鐵軌製法，被公認是全美數一數二的。

佛里克說：「匹茲堡的狄克仙鋼鐵公司因罷工而瀕臨倒閉，這正是買下它的好機會，怎麼樣？」

「若買下狄克仙的話，要壟斷全國的鐵路用鐵軌就不是夢想了。」卡內基興趣十足地問道：「要多少錢？」

「看我的！」自信的佛里克笑著道。

佛里克首先出價 60 萬，但是遭到狄克仙拒絕。卡內基只在一旁冷眼旁觀，等待佛里克的其他手腕。

就在這期間，發生了令卡內基吃驚的事情，賓夕法尼亞州鐵路、俄亥俄州鐵路、巴爾的摩鐵路，連聯合大平洋鐵路也傳來如下消息：「不知是誰散發了奇怪的傳單給全美的鐵路公司……據說狄克仙的鐵軌，材質缺乏均一性，是有缺陷的產品……」

狄克仙最終以 100 萬元的低價賣給了卡內基，這是天上掉下來的金蛋，在合併的第二年，狄克仙公司的收益就達到 500 萬元。

佛里克在卡內基兄弟公司最大的製鐵工廠──布拉德克工廠與霍姆斯特德工廠之間，以鐵橋鋪設相連的鐵路，與匹茲堡的狄克仙工廠，也鋪設三角形的連線鐵路。這之後，卡內基一舉將資金增到 2,500 萬元，公司名稱更改為卡內基鋼鐵公司。這時的 2,500 萬簡直是天文數字。

到目前為止，卡內基鋼鐵公司已是世界上最大的鋼鐵公司。不久之後，又更名為 US 鋼鐵，成為一個巨大的企業集團。卡內基的一步步成功，不純粹是事業的擴大，而是機遇、眼光相結合而形成的。

金融業的合併

1892 年 7 月 5 日，霍姆斯德的工人開始罷工。

按照卡內基的指令，佛里克與皮卡頓保全公司祕密簽約，僱其鎮壓罷工。

1891 年 7 月 6 日拂曉，皮卡頓公司的一艘拖船拖著兩艘舢板，從匹茲堡駛出，沿著莫農加希拉河，朝著霍姆斯特德工廠的碼頭駛去，船上有近百名彪形大漢，手持來福槍，全副武裝，準備天亮前，從碼頭悄悄進入工廠，然後用武力鎮壓罷工的工人。

不料，拖船剛駛到第一碼頭，岸上就響起了槍聲，緊接著汽油傾入了河中，汽油恰好流到舢板時，砲彈發射了過來；舢板立刻燒毀，造成 11 人死亡、60 人受傷的大慘案。皮卡頓舉白旗投降，他們被迫解除武裝。回到鎮上，他們舉行了遊行，又再次受到襲擊，傷亡慘重。

萬般無奈，佛里克請求州長出兵援助。7 月 13 日，斯諾登少將率 8,000 騎兵進人霍姆斯特德工廠，終於將罷工工潮鎮壓了下去。

1898 年，第 25 任總統麥金利（McKinley）趁古巴的暴亂和緬因號戰艦在哈瓦那灣爆炸事件為導火線，發動了美西戰爭。而在 1890 年，「華爾街大佬」摩根（Morgan）與「鋼鐵大王」卡內基的決戰，較之美西戰爭還要激烈。

美西戰爭爆發，使得鋼鐵的需求量猛增。因此，摩根與卡內基發動的「鋼鐵戰爭」更具有歷史意義。這位控制鐵路的「華爾街大佬」，在鋼鐵需求量猛增前，已經意識到時代將步入需要大量鋼鐵的階段，所以他將高級行政官送入伊利諾鋼鐵及明尼蘇達鋼鐵兩家公司，以此作為融資條件而握有實權，但是這兩家公司與卡內基鋼鐵相比，只不過是中小企業而已。

卡內基

在各小規模鋼鐵業中,被稱為「百萬賭徒」的企業界奇葩——蓋茲,是位熱衷於投機的鋼鐵企業家。蓋茲為合併各州的小鋼鐵公司,向摩根請求融資,他計劃合併中西部的各鋼鐵公司,組成一家稱為聯邦鋼鐵的公司。

摩根應允給予蓋茲資金支援,他採取的策略是與15家白鐵皮企業公司訂下企業合約,侵入賓夕法尼亞,圍攻匹茲堡。國家鋼管公司與美國鋼圈公司首先入網,加入聯邦鋼鐵公司的陣營。摩根野心勃勃,一心想主宰鋼鐵世界。

許瓦布神色沉重地向卡內基報告:「聯邦鋼鐵下的關係企業及摩根所屬的全部鐵路,一齊取消對卡內基的鋼鐵訂購。」

卡內基決定擊敗這個對手,於是派許瓦布去到紐約。大學俱樂部是紐約歷史悠久的社交俱樂部,為許瓦布舉行的聚餐會就在這裡舉行,摩根也應邀參加而坐在許瓦布的旁邊。

餐後,許瓦布發表演說,起初由於摩根而稍顯怯場,但是越說越精彩。當晚,摩根與許瓦布成為知己,不久,他們在摩根的辦公室裡舉行了祕密會談。

「美國的鋼鐵業必須統一。」摩根說:「貝斯列赫姆鋼鐵(居美國第二位)是否合併還在考慮中,但是擔任大合併主角的卡內基鋼鐵,則是絕對必要的。」

最後,摩根帶有威脅地說:「卡內基若拒絕的話,我就找貝斯列赫姆談。」

許瓦布來到紐約郊外的卡內基的別墅,談起了合併的事。

卡內基聽完,突然站起來,拿來一張紙和鋼筆,在紙上寫下1.50

元，然後交給許瓦布，笑道：「告訴摩根，大合併案相當有趣，不妨參加。」

許瓦布有些疑惑不解。「至於參加條件嘛，我要大合併後的新公司債，不要股票。新公司的公司債對卡內基鋼鐵資產的市價比例，以 1.00 元對 1.50 元計算。」說完一陣大笑。

股票以市價賣掉，而他又不要合併後的股票，要的是具有黃金保障的公司債，並以 1：1.5 的比例兌換，這對卡內基而言，非但未吃虧，反倒占了大便宜，摩根會同意嗎？

摩根接見許瓦布，聽完卡內基的條件，表示：「我接受。」

摩根打算請卡內基到華爾街 23 號的摩根總公司，但是卡內基回答：「從第 51 街到華爾街的距離，與華爾街到第 51 街的距離是相同的。」

「那我過去好了。」對於拜訪卡內基的摩根來說，此舉是史無前例的，他從未去過別人的寓所或辦公處商談並達成協議。以華爾街的猜想，據說交易額在 3.5 億元至 4 億元之間，超過美國當時的國防預算。卡內基在戰爭中獲得了巨大利益，他的機遇和眼光也幫了他不少忙，使他成為美國數一數二的大富豪，享有鋼鐵大王的讚譽，他的成功或許能給後人一些啟示吧。

卡內基

洛克斐勒

洛克斐勒

年輕商人初露鋒芒

　　洛氏家族的第一代創業者約翰・D・洛克斐勒（John Davison Rockefeller），於 1839 年 7 月 8 日生於紐約州西部地區的一個農場裡。

　　在小約翰 11 歲這一年，父親威廉・洛克斐勒（William Avery Rockefeller）因涉嫌向家裡的女傭施暴而被起訴，在法庭傳他時逃走了。

　　自從父親失蹤了以後，作為長子的約翰自然就擔起了家裡的重擔，他得在田裡幫忙，有時還要擠牛奶。約翰把自己的薪資按每小時 0.37 元計算，全都記在本子上，準備父親回來時再向他結帳。當時，約翰就讀於一所十分嚴格的私立中學。又是學習，又是勞動，回家吃過飯，他倒下就睡，頭腦裡懷著對父親的思念和疑問，進入夢鄉。

　　一天深夜，父親回來了，小約翰拉開門，說：「要不要叫醒媽媽？」

　　父親默默地搖搖頭，仁慈地看著漸漸長大的長子。

　　「這個是給你的。」父親又像往常一樣把三張 1 元的新鈔票塞到約翰手裡，俯下身，吻了吻他的額頭，微笑著說：「去睡吧！我的兒子。」

　　「爸爸，太謝謝你了。」小約翰歡天喜地，毫無睡意，說：「這些錢，我還要存起來。」

　　「你的瓷罐裡，大概存了不少錢吧？」

　　「我貸了 50 元給附近的農民。」小約翰滿臉驕傲的神情。

　　「哈？50 塊？」這下父親驚訝了。

　　「一年利息 7.5%，到了明年就能拿到 3.75 元的利息，另外我在馬鈴薯田裡工作，每小時 0.37 元，明天我把本子拿來給你看。其實，像這樣出賣勞動力是很不划算的。」

年輕商人初露鋒芒

小約翰毫不理會父親的驚訝，滔滔不絕地說著，一副精明商人的口氣。

1853年，父親把全家大小遷移到克里夫蘭。克里夫蘭那時像個湖濱商港，客貨輪船白帆輕揚，來往於港口。洛克斐勒放學後，常常到碼頭閒逛，看商人做買賣，他常獨自站著，凝視著那一片熙熙攘攘的忙碌景象。

1855年9月26日，約翰開始了人生的新里程，他找到了一份工作，薪水是每週3.5元。

「人生只有靠自己，做生意要趁早。人生只是錢！錢！錢！在美國尤其如此。」父親每次回來，總是不厭其煩地洗腦約翰，向他灌輸金錢意識、商業意識，約翰深受父親的影響，便決定中途輟學，早點從事生意，他一直很想投入這個多彩的實業世界。

於是，讀完了高二以後，約翰便去讀了3個月的商業專科學校。

3個月的速成教育，僅學會了會計和銀行學，之後他尋找職業。他敲過銀行經理的門，找過他從小就不喜歡的鐵路公司，小商店他不願意去。幾週烈日下的奔波，他終於找到一家叫休威·泰德的公司，這是一家兼營貨運業的中間介紹商，他的工作是會計助理。

1855年9月26日，成為他個人日曆的喜慶日，他把它當作自己的第二個生日來紀念，他後來回憶說：「就在那兒，我開始了我的商業生涯。」

絲織高帽，條紋牛仔褲（大概是向父親借的），背心上掛著金鍊子。這是約翰第一次上班時的裝束。人們後來回憶他說，16歲就已經很有派頭。他雖然是個新手，且只經過3個月的專業訓練，但是他卻顯得那樣老練，那樣有條不紊，這一切，都預示著這是一個良好的開端。

洛克斐勒

除了公司的帳簿，他當時還另備了一個自己用的帳簿，封皮上寫著「總帳 A」，看來比公司的帳簿還重要。他在領到第一週薪水之前，在第一頁支出欄記著：手套 1 雙 2.5 元。五大湖地處美國北部，冬天很冷，於是約翰決定買一副手套。在下面的支出欄裡還有：教會奉獻 0.1 元，救濟貧困男子 0.25 元，救濟貧困女子 0.5 元。

約翰是一個虔誠的浸信會教徒。

雖然每天面對著桌子，未免枯燥，但是約翰卻把這看成是學習生意的絕好機會，他可以聽到休威和泰德談有關出納的問題，這可是生意的祕密啊。

約翰是一個非常認真的會計人員，每當水電工來清款，老闆大都是清多少就付多少，他卻要把每一專案仔細查清後再付款。有一次公司高價購進的大理石竟然有破損，於是約翰到一家家的運輸公司去要求索賠。休威極為欣賞約翰的這種處事能力，於是把月薪調整到 25 元，第二年又把年薪升為 500 元。

後來泰德退休了，休威少了一個夥伴，於是更加器重約翰。約翰除了會計工作，還兼與鐵路公司和船運公司的外交工作，是休威不可多得的好幫手。

約翰在休威公司一共服務了 3 年半。在第三年裡，他自作主張地收購了小麥和火腿。「約翰，你怎麼竟自作主張買起小麥來了。我們公司是以居仲介紹抽取佣金和辦理貨運來賺取利益，投機的生意可是從來不做的！」休威埋怨地說。

「董事長，根據新聞報導，英國即將發生饑荒，現在趁機把貨運到紐約再出口，一定可以賺大錢。另外，我還訂購了 80 桶高級火腿腸呢！」約翰為自己頗有預測的經營頭腦而得意。他不止收購小麥、玉米，還購

進肉乾、火腿等加工食品，甚至還賣食鹽。不久，英國真的發生了饑荒，休威公司把囤積的貨物向歐洲出口，獲得了鉅額利潤。一時間，約翰成了古亞和加河一帶人們談論的對象。

掌握資訊，把握機會，勇於冒險。這是約翰踏入商界成功的第一步，也是他認識自我價值的契機。

「請把我的年薪調整為 800 元。」約翰向老闆提出加薪請求。但是休威卻拒絕他說：「難於從命。」

他料到會有這個答覆，他已決定自己創辦公司了，這才是他施展才華的抱負。

19 歲的約翰‧洛克斐勒和一個叫克拉克的青年合夥創辦了一個穀物和牧草經紀公司。兩人商定資本只需 4,000 元，每人出 2,000 元。約翰當時口袋裡只有一張 800 元的存摺。

如何湊齊這 2,000 元呢？約翰想起了父親。

「爸爸，你不是答應過我，說等我 21 歲時就分給我 1,000 元遺產嗎？現在就給我，好嗎？我正需要它呢！」約翰對父親說。

「可是，你離 21 歲還差 16 個月呢！」

「那還不是一樣，遲早還是我的嘛！」

「呵呵，那可不一樣，你要提早提取也可以，但是得扣除 16 個月的貸款利息，年息算 10% 好了」

「太謝謝你了，爸爸！」約翰一跳三尺高。

「不，道謝尚早，等你賺了錢再謝我。穀物、糧草、肉品的經紀商是一定很有前途的。要知道，東部的食品需求是只會增加不會減少……」

「是要賣給歐洲的！」約翰趕緊糾正父親的話。

洛克斐勒

「歐洲？你是說要把穀物、肉品都運到英國、法國去？」父親驚訝不已且大惑不解。

「是的，爸，是運到歐洲去。」約翰平靜地回答了父親，父親呆住了，不相信19歲的兒子竟有這麼大的氣魄和自信心。

約翰的新夥伴克拉克是個愛擺架子的自負傢伙，在約翰面前總是擺出一副國際人士的樣子，張口就是英國（他是英國人）。30歲的克拉克教訓約翰說：「英國和歐洲的情況我很了解，不懂事故的你跟著我做就行了。」

克拉克那種優越神情真讓約翰受不了，但是既然合夥，為了事業，約翰還是忍下來了。

開業不久，公司遇到倒楣事。中西部的農業區遭到霜害，作物幾乎沒有收成，農民用來年的穀物作抵押要求他們付定金。

一聽要付定金，克拉克嚇壞了，別看他平時愛誇大，其實膽小無能，資本一共4,000元，怎麼能付定金呢？克拉克一時無措，一些同業經紀商也紛紛倒閉了。

約翰沉住了氣，他去找教會認識的朋友、某銀行的總裁漢迪，請求貸款。他從銀行貸2,000元回來，「國際人士」克拉克再也不敢以老大自居了，他們換了個地位。

在他們的辛勤經營下，第一年營業額為45萬元，獲純利潤200元。

正如約翰·洛克斐勒所猜想的，第二年他們的利潤高達1,700元，不是預定的3倍，而是4倍。在他們結帳後僅2週，南北戰爭爆發了。

這時歐洲正好發生寒害，農產品價格上升了好幾倍。在這種形勢下，約翰·洛克斐勒成了借南北戰爭而發大財的商人之一。

謹慎投身石油業

　　洛克斐勒隻身一人到了石油產地，石油的生產情況和行情，使敏感的洛克斐勒憑直覺意識到石油有不可估量的開發前途，他決定投入到這新興的產業中去。

　　洛克斐勒並不盲目，他幾次去產油區實地勘察，密切注視著石油的漲落行情。最後，他對老夥伴克拉克說：「現在動手為時尚早。」

　　「為什麼？」克拉克很不服氣地問道。

　　「挖出那麼多的油，行情只有往下跌。」洛克斐勒平靜地說，「看樣子還得跌。」

　　他冷冷一笑，又說：「挖油的人全是笨蛋，不看行情，只顧瘋狂地挖油。」

　　「你不是說石油很有潛力嗎？」

　　「那當然了，但是現在時機沒到，行情還會向下跌，還不到漲的時候，所以現在不能動手。」

　　果然不出洛克斐勒所料，雖然油市不再暴跌，但是稍一回升就會再跌，正像他當時分析的：人們對石油的需求尚有限，加之往外運輸不利，毫不控制的盲目開採造成了生產過剩。

　　在人生的馬拉松賽上，讓別人打頭陣，找準機會再迎頭趕上是很明智的。「不管打先鋒的如何誇大，絕不可盲目下手。」洛克斐勒做中間商時，一直把這句話當座右銘。

　　南北戰爭爆發了，洛克斐勒暫時放下了石油，依舊向歐洲販賣著中西部的食品。這時，單是華盛頓政府對這些食品的購買就遠大於供給。

洛克斐勒

這時，長洛克斐勒8歲的亨利·弗拉格勒（Henry Flagler）又與他一起經營販賣北軍需要的食鹽，於是洛克斐勒便與弗拉格勒因販鹽而暴發，成了南北戰爭時期顯赫一時的風雲人物。

石油行情繼續暴跌，由每加侖0.22元的最低價跌至0.13元1加侖。沒過多久又跌到1桶0.35元，1加侖連10分錢都不到，簡直就和水一樣賤。

油井的所有人為阻止這瘋狂的下跌，換回損失，相約把每桶油售價定為不得低於4美元。

這是生產者的自衛本能，我們現在稱之為卡特爾（Cartel）。生產過剩和行情暴跌，使卡特爾方面不得不減產，否則價格不能回升。但是這樣一來就沒人購買，大量滯銷是必然的。

一桶油才賣0.35元，而運費卻要花3塊錢，運輸也成了石油滯銷的癥結所在。冷眼旁觀的洛克斐勒計算著：一桶油的運費是30美分，而一桶只賣0.35元，所以卡特爾賣一桶4塊錢也賺不了多少，這是洛克斐勒一直未插手石油的原因之一，還有一個最重要的原因，是他覺得生產秩序混亂，掘鑽設備落後，連線生產地與消費城市的運輸管道不良，所以很難獲取鉅額利潤。

這發生的一切，似乎都在洛克斐勒的預料之中，是他期待已久的事。23歲年輕老成的洛克斐勒有一句創業的名言：「打先鋒的賺不到錢」，這是他一貫的策略與哲學。人生就像馬拉松賽跑一樣，開始就跑在前面的大多不能贏得勝利，等待時機，迎頭趕上，往往是得到冠軍的馬拉松選手的共同經驗。洛克斐勒深諳此道，的確高人一籌。做中間商的洛克斐勒帶著這個信條，不久便敲開了標準石油公司的大門，成為商界的拿破崙（Napoleon）。

歷史的發展也在有力地證明這個信條：在加州颳起黃金熱時，打先

謹慎投身石油業

鋒的一個都沒有成名，而最先鑽到石油的埃德溫·德雷克（Edwin Laurentine Drake）亦貧困而死。

洛克斐勒建立事業的另一個信條：少說、多聽、多看、多觀察，「打先鋒的賺不到錢」就是他用這樣的方法得出的結論。

這時洛克斐勒得知產油地正計劃修築鐵路，他覺得時機到了，是時候了，便找合夥人克拉克商量：「我們賺了這麼多錢，現在拿來投資原油吧，怎麼樣？」「想投資暴跌的泰塔斯維原油，你瘋了？」儘管洛克斐勒磨破嘴皮，克拉克依舊無動於衷。洛克斐勒只好作罷。雖然他心裡很不高興，怪克拉克膽小怕事，但是這家經紀行畢竟是他們合開的，投資原油這麼大的事，不能由他擅自決定。

洛克斐勒在繼續經營經紀行的同時，依然不停地在考慮新事業的發展方向。他發現原油在精煉成煤油之後，才有價值。而煤油是當時點燈的最好手段。在1862年，每桶原油售價僅為0.35至0.55元，而提煉的石油，可賣到0.23至0.35元1加侖，不但如此，精煉石油的成本又很低，一桶原油成本僅40美分，所以投資在精煉石油業上是很穩妥、合算的。於是，煉油廠如雨後春筍般，一家又一家在美國東北部各大城市開張了。各大鐵路公司為了賺取運費，很快地在每個石油轉運的必經地鋪設了新軌道，便利石油開採和精煉石油者的交通。

1863年，克里夫蘭已發展成為一座新興的石油城，擁有了許多的小型煉油廠。洛克斐勒決定辦一個精煉石油廠。恰巧在這時，一個叫安德魯斯的英國化學家找到了他的搭檔克拉克。

安德魯斯是從英國威爾士移民來美國的，和克拉克是同鄉。8年前，當他剛剛踏上克里夫蘭這片土地時，便開始全身心地投入煤炭的液化研究工作。與他一起移民到美國來的這一批人，許多都滿懷抱負。他們中

洛克斐勒

不少人曾在不列顛帝國或蘇格蘭的大學裡做過油頁岩研究，決定在賓州這個世界原煤寶庫中煉出蠟燭原料液化油來。

當德雷克鑽到石油的消息傳來時，安德魯斯的內心受到巨大的衝擊，直覺告訴他「這東西比煤強」，一定大有發展前途。於是他迫不急待地跑到泰特斯維爾取回原油標本，在自己實驗室裡忙起來了。

這位安德魯斯，就是美國最早從事石油精製實驗的先驅者之一。他堅信：「從賓州石油中精煉出來的燈油，絕對可以代替煤炭液化油。」

安德魯斯不僅技術好，而且有他獨創的祕密武器——用亞硫酸氣來精煉石油。這種方法的確比一般人採用的精煉方法更好。但是沒有人對他的實驗感興趣、為他的實驗提供資金，安德魯斯太太只能幫人縫縫補補來資助丈夫。功夫不負有心人，安德魯斯終於在實驗室製造出了蠟燭！於是，他來找克拉克。這時，安德魯斯希望擺脫他所屬的煉油廠，自己開設一家煉油廠。他找克拉克，是想讓克拉克投資一起做。他起勁地鼓動說：「我們一起發展精煉油事業吧！一定會成功的！就憑我們的實力和資金。」克拉克覺得他說得不無道理，可是他又覺得原油行情不好，有什麼用呢？態度模稜兩可。

當安德魯斯夫婦得知公司的實權握在洛克斐勒手中後，他們就想透過克拉克接近洛克斐勒。克拉克還是不太情願，勉強答應出250元資金。安德魯斯認為太少了，無法開業，心裡不免生出幾分失望。

這時，克拉克的兩個弟弟幫了忙。他們都是移民來美國，很想撈一把的年輕人，覺得這件事有利可圖，就竭力勸說哥哥找洛克斐勒。而洛克斐勒正有此意，所以答應出資4,000美元，可是他還想等等看。當公司新成立時，他並未加入，先當後臺老闆。這也許是他另一種特殊的「等待」方式。新公司命名為安德魯斯——克拉克公司，洛克斐勒和克

謹慎投身石油業

拉克的投資，相當於公司資金的一半。

到公司成立的第二年，即1864年，洛克斐勒開始把注意力從中間商業務轉向煉油業務，他終於結束了他的「等待」。他花越來越多的時間，待在安德魯斯——克拉克的總部裡，處理一些業務。公司的總部設在克里夫蘭的西南近郊，古亞和加河支流堤岸的下方。

選擇這個地方建精煉油廠可謂頗具眼光。工廠鄰近伊利湖，不僅水路十分方便，而且可以利用鐵路運輸。連接原料產地油城和克里夫蘭市的西亞特蘭大鐵路已由英國出資建成。

河堤下面整齊地排放著許多剝皮的原木，這是預備做木桶裝石油的，工廠和堤岸的後方是一方斷崖，斷崖與一小山丘相連，登高遠望，克里夫蘭市的景色盡收眼底。在後來精煉油的管道輸送上，斷崖成了極為有利的地形條件。

根據三個人的特點，他們很自然地分工合作：安德魯斯對早期的石油工藝很熟悉，做這方面工作得心應手，所以由他負責工廠的設計和運轉操作；克拉克則負責與石油區的生產商交易原油；洛克斐勒負責財務和推銷工作，發揮他這方面的天分。

原油提煉的方式是這樣的：原油送到以後，先從木桶裡倒進狹長的木槽內。夏季時放些冰塊在裡面，攪勻後盛入木製的貯油槽，再加進石油精餾塔。沸騰的原油在精餾塔中蒸發，最先蒸發的是汽油，但是當時還不能使用，只得放棄，十分可惜，接下來是苯和石油原油，最後是作蠟燭原料的燈油。用這樣的方法提煉，成本很低，每5桶原油可提煉成3桶煤油。

1864年，即精煉石油公司開業的第二年，內戰正進行得如火如荼，洛克斐勒迎來了他生活中的一件大事，他向心儀已久的女友蘿拉求婚成功了。這時的蘿拉，已經當上了教員，受父親的影響，她熱烈地贊成廢

洛克斐勒

除黑奴制度,篤信公理會教義。蘿拉比幾年前和洛克斐勒初識時更加嫵媚動人、優雅大方,她身上所表現出的良好修養,她的聰慧和見識,她的沉靜和開朗,都深深地吸引著年輕的洛克斐勒。洛克斐勒雖然沉迷於事業,但是並沒有因此減少對蘿拉的愛意,他覺得他們之間的感情已經成熟,應該有個家了。當他向蘿拉求婚時,蘿拉欣然應允,洛克斐勒十分喜悅,接下來便是準備結婚的各項事宜。

1864年9月8日,洛克斐勒和蘿拉在教堂舉行了婚禮。這對新婚夫婦選擇了頗為浪漫的度蜜月形式:他們租來了一輛黑色的夢幻馬車順河而下,到尼亞加拉瀑布等地遊山玩水,盡情享受。回到家後,他們先與父母同住了一段時間,後來在隔壁的房子裡開始了獨立生活。這樁婚姻帶給洛克斐勒不少好處,由於他岳父斯佩爾曼先生的聲望和地位,克里夫蘭的財政界對洛克斐勒刮目相看,對他以後事業的發展大有稗益。愛妻蘿拉成了洛克斐勒的一尊幸運之神。

善於財務和習於記帳的洛克斐勒對他所愛的女子花費的錢也一絲不苟地記在帳上。在1864年的第二類分類帳上,按時記載著他追求蘿拉和結婚的各項費用:買花束的錢,一次是6角,一次是5角,還有一次是1.5元;1864年4月8日,他買訂婚的金剛鑽戒指118元;同年9月8日,婚禮費20元,結婚證1.4元,買結婚戒指15.75元;觀賞尼亞加拉大瀑布7.5角;為新娘買墊子7.5角。連3分錢郵費也沒有漏掉!

堅強而有力的同伴是事業成功的基石,不論哪種行業,你的夥伴既可能把事業推上高峰,也可能導致集團的分裂。洛克斐勒經常和克拉克發生矛盾,他想在工程師安德魯斯以外,再尋覓一個事業上的夥伴。

弗拉格勒的辦公室也在公司附近,這位靠鹽發家的年輕人和洛克斐勒交情至深,志同道合。兩個人每天在皎潔的月光下一同散步回家。一

次,弗拉格勒向洛克斐勒提道:「約翰,你的石油行情不錯吧,能讓我也加入你們的行列嗎?」

「我想你可以幫我製作木桶。」

「那好,包在我身上了。」

由弗拉格勒承包的木桶交到洛克斐勒手中,木桶品質好,克服了途中漏油的毛病。外面刷著藍色的油漆,在後來成了石油交易的徽記。這是洛克斐勒與弗拉格勒在石油業上的初次成功合作。而洛克斐勒也終於和克拉克鬧翻了。

事情雖然由克拉克的兩個弟弟引起,但是這是他們兩人之間遲早要發生的事。克拉克向洛克斐勒扔了一紙絕交書,三位公司老板終於決定將公司拍賣掉。安德魯斯工程師已經是洛克斐勒的親信了,所以克拉克一開始就陷入被動。

「500元!」兩邊開始喊價,且各不相讓。價錢升到50,000元、70,000元。為了不讓價錢抬得過高,洛克斐勒始終面不改色。「72,000元!」克拉克臉色蒼白、無力地喊出最後的價錢。但是洛克斐勒是不會失敗的。「72,500元。」他輕輕地報了這個價碼。克拉克攤開雙手:「約翰,我不願意再抬了,這宗生意歸你了。」說完,便揚長而去。

洛克斐勒長長地舒了一口氣。這是一個關鍵性的時刻。他後來回憶說:「那是我一生中最重要的一天。這一天決定了我一生的事業。雖然那時我深感事件重大,但是我鎮靜自若。」這是由於他對自己抱有絕對的信心,而且對石油這個商業領域以及對手的情況都作出了系統的猜想,所以最後的結局也是可以猜想到的。用《孫子兵法》上的一句話就是:「知己知彼,百戰不殆。」

克拉克退出後,公司改名為洛克斐勒‧安德魯斯公司。洛克斐勒此

洛克斐勒

時擴充了他的煉油設備，日產量增至 500 桶（合 79,000 公升）。克里夫蘭大小煉油廠共有 50 多家，屬洛克斐勒‧安德魯斯公司規模最大，僅僱用 37 人。1865 年銷售總額卻有 120 萬元之巨。這一年洛克斐勒剛滿 26 歲。

隨著洛克斐勒這一批鉅富的興起，「百萬富翁」這個詞開始進入美國人的生活之中，成為億萬美國人的理想人物。

以賓州為基地發展成世界鋼鐵大王的青年卡內基，與洛克斐勒齊名。他稱在南北戰爭中大發橫財的洛克斐勒為「劊子手」，意思是說他賺起錢來不管別人死活，手段毒辣。這位比洛克斐勒大 3 歲半的卡內基，也是洛克斐勒同時代的一位鉅富。他來自蘇格蘭，童年時代貧困而卑微，做過紡織廠的鍋爐工、送過電報，移民到美國亞利加尼河畔後，他服務於賓州鐵路公司，後來當上了這家公司匹茲堡區段的負責人。

做煤炭和建材生意累積了不少資本，依靠這些資本，他創立了鋼鐵廠。初期的原油不景氣和南北戰爭時期，他買下了油井地，逐漸稱霸了鋼鐵行業。到 1881 年，他建立了美國最大的鋼鐵企業：卡內基兄弟公司，躋身於美國首富之列。以他這樣的經歷，卻稱洛克斐勒為「劊子手」，實在有點「五十步笑百步」之嫌。

當然，卡內基的話也不無道理。在拍賣公司之後，洛克斐勒便一手壟斷了石油的精煉和銷售全過程，的確是一種「劊子手」的手段，洛克斐勒財團創業以來直到今天的 100 多年，一直沿襲著這個傳統。埃克森公司（洛克斐勒財團所屬的當今世界最大的國際石油公司之一）採用的不也是「劊子手」的手段嗎？

隨著時間的推移，在石油開採業又掀起了一次熱潮，儘管後來慢慢平息下去了，但是煉油業卻取得了飛速發展。從技術到工具都前進了一大步，這就使煉油業開始步入現代化工業行列。

壯大事業開始壟斷

在開採石油的熱潮中，洛克斐勒已經占領了國內市場，他又把目光放到了國外。於是他叫來了弟弟，計劃進軍國際市場。

「你去一趟紐約吧！」洛克斐勒語氣堅定地對弟弟威廉說。

「到紐約去做什麼？」

「我想再開一家『洛克斐勒』公司，目的是開拓石油出口業務，我已經分析預測了，歐洲的石油需求量一直在遞增，我們要盡快開啟歐洲市場，你的頭一個任務就是使明年的出口量增加70%。」

「然後呢？」威廉摩拳擦掌，接著低聲問道。

「再就是銀行這頭，克里夫蘭這裡利息是高出了名的，華爾街的利息卻很低，希望你和他們打好關係。我們要擴張，資金越多，我們發展的本錢也越豐厚，我們要獨霸世界！」兩兄弟的手握得緊緊的。

弟弟威廉踏上了征途，約翰則坐鎮在克里夫蘭，躊躇滿志地指揮著。他把總部移到了市內最繁華的珍珠大街。

石油產地是在賓州亞利加尼河和產油河的上游，所以當時把勘探石油採油等工作稱作上游工業，精煉和銷售則為下游工業，洛克斐勒的最終意圖是控制下游工業，他對上游工業毫無興趣。煉油廠正紛紛興起，克里夫蘭已有50家，位於紐約長島的也有8家。在波士頓、新哈芬、紐澤西、巴爾的摩等東岸工業城市，也不斷出現新的煉油廠。在賓州這個原料產地既做上游工業又做下游工業的公司至少有30家，它們都擁有自己的煉油廠。洛克斐勒兄弟公司有煉油廠16家，每週能出品900桶（14.3萬公斤）精煉油。洛克斐勒清楚，他遲早會與競爭對手爆發激戰的，所以他先走了一著去壟斷「下游」產業。

洛克斐勒

洛克斐勒後來成為人們痛恨的特殊人物，是由於他採用的手段是殘酷無情的，方法是詭祕的。當他的買賣和煉油廠有了擴充時，他的對手們受到打擊卻都矇在鼓裡；當他把克里夫蘭的競爭者都買過來後，他保守這件事的祕密，讓他們裝作還在彼此競爭，使他們在其他真正的競爭者中間充當間諜的角色。洛克斐勒的確是詭計多端，為了戰勝對手，不惜挖空心思。這種爾虞我詐的商業競爭，其殘酷性絕不亞於一場兵戎相見的戰爭。

1869 年，石油業逐漸進入經營困難的地步，2 月 1 日，各大油田主人成立了賓州原油生產協會，他們攻擊稅收，申請專利，卻不敢面對現實，解決開採過多、原油過剩的問題。煉油業同時受到衝擊而陷入困境。由於原油價格和提煉後的精煉油價格相差無幾，使煉油公司無法獲利，加之產量又往往超過市場需求，大公司尚可過關，小公司簡直叫苦連天。

在一片掙扎與混亂之中，洛克斐勒集團依然穩住陣腳，繼續發展。一些有眼光的人認為投資洛克斐勒集團有利可圖，便想參加。但是洛克斐勒擔心外人投資進來，會妨礙他控制公司的權力，他要把公司大權緊緊地握在自己手中。他提出建議，由於公司已超過有限合夥經營的效率，可按照法律把「標準石油公司」改為合資的股份公司。3 個合夥人經過商議，於 1870 年 1 月 10 日在俄亥俄州創立了「標準石油公司」，沿用原名。公司一夜之間便改頭換面，新的股份公司資本額為 100 萬元，分成一萬股，每股面值 100 元。公司創始人為 5 人：由洛克斐勒任董事長、其弟威廉任副董事長，弗拉格勒為祕書兼會計，安德魯斯為廠長，另一位是弗拉格勒的伯父哈克尼斯（公司的幕後支持者）。

在公司發行的 1 萬股中，洛克斐勒優先占有 2,667 股，哈克尼斯占

有1,334股，威廉、弗拉格勒、安德魯斯分別占有1,333股，其餘的2,000股，留給鐵路公司作贈品。當時，組織股份有限公司被認為是壟斷市場的一條捷徑，隨著「標準石油公司」的創立，洛克斐勒的事業日益興旺發達。古人云：三十而立，這年剛剛30歲的洛克斐勒，不僅擁有了嬌妻愛女，而且擁有了一份令世人矚目的事業。

當初約翰全力以赴，親自經營、指導，就是希望公司能造出自己的運油車和貨廂車。這也是使他壟斷「下游」邁出第一步的緣由。

在紐約的第五街上，座落著53層高的摩天大樓——洛克斐勒中心。大樓前是洛克斐勒的雕像。

艾克森公司的根據地就是洛克斐勒中心，它現在已成為世界最大的集團經營企業。公司有股東30萬，年收入500至600億元。標準石油創始時僅有5人，然而在短短百年之間，就迅速擴展到今天這樣龐大的規模。

今日的油輪已取代了昔日的鐵路，艾克森公司的500多艘油輪，每天在世界各地透過休斯頓、倫敦和東京三大分公司，分秒不停地向總公司彙報全球115個產油地港口和270座目標港口的油輪行蹤，這就是下游控制。當年弗拉格勒——迪貝爾的協議的簽訂，就是下游控制的開端。也可以說，弗拉格勒說服迪貝爾的一瞬間，就是決定洛克斐勒和其公司命運的轉折時刻。

標準石油公司一成立，正趕上歐洲爆發了普法戰爭，海上的運輸業癱瘓了，賓州石油出口業也只好中斷。原油價格下降，精煉石油業也受到影響，洛克斐勒面臨著困難重重的財務。「這樣下去會垮掉的！」弗拉格勒憂心忡忡。「不要緊，歐洲戰爭不會持續多久的。想想南北戰爭結束時石油需求量猛增的情形，我們的未來是一片光明。這次經濟不景

洛克斐勒

氣擠垮了大批小型的中間企業，形勢對我們很有利，我們一定能達到完全壟斷的境地。」這是一個真正有才華、有遠見、臨危不懼的人，洛克斐勒能夠在經濟不景氣的情況中，氣魄恢宏地抓住看似不利卻有利於完成壟斷的時機，和弗拉格勒再度並肩作戰，把克里夫蘭那些崩潰的石油產業弄到了手。

當時，離石油產地最近的克里夫蘭與匹茲堡有全國石油產業產數股份，另外 50% 在東部的紐約、費城等城市的企業中。標準石油公司控制著全國 1／5 至 1／6 的石油產業，即使這 1／6 也夠大的了。經濟不景氣造成全國油產量只有 600 萬桶（95.3 億公升），光標準石油一家就生產了 100 萬桶（5.9 億公升）。

面對這樣的成就，洛克斐勒並沒有就此止步。正向他所說的，經濟的不景氣會擠垮一大批小型的中間企業。他巧妙地利用了這次機會完成了壟斷。

死亡協定

洛克斐勒清楚地知道，對所有煉油公司來講，爭取到便宜的運費是取勝的關鍵。

精明能幹的弗拉格勒又一次展開了鐵路外交。他來到湖濱鐵路公司，開門見山地說：「你們希望接受大筆長期的生意嗎？」

「那當然了。」

「好，現在我們春、夏季不再用水運，把四季的生意全交給你們公司怎麼樣？」

在鐵路運輸同樣不景氣的情況下，能得到如此大樁的生意自然是求之不得的好事，豈有不接受之理？當然，他們肯定要給標準石油一筆可觀的回扣，但是即使這樣，他們仍然會比那些沒有固定運輸任務的鐵路公司賺錢，於是湖濱鐵路公司十分欣喜地接受了生意，雙方皆大歡喜地完成了一筆交易。這又是一個祕密契約。契約規定：標準石油公司運送每加侖石油的運費需付 10 美分，其他石油公司則需付 36 美分，但是鐵路公司只拿 10 美分，其餘部分均歸洛克斐勒所有。這樣一來，標準石油公司即使不做任何石油買賣，也可以坐享 26 美分的運費收入。

　　洛克斐勒在鐵路方面獲得了更加優惠的運費之後，他繼續運用標準石油公司的經濟和權力與各個鐵路打交道，並從中取得越來越大的回扣，這些回扣大部分都是由擅長外交的弗拉格勒與對方商談成功。後來，標準石油公司不僅保證交運整列車整列車的石油，同時還制造和提供能像同一形式的容器一樣裝在鐵路平板車上的大油罐，再後來，又在側軌旁建造自己的油罐和倉庫，隨後又為自己交運的東西保火險。這些做法都使標準石油公司更密切地同鐵路聯合起來，從中得到越來越大的好處。

　　這種做法引起了同行競爭企業和外行人士的不滿。運輸是銷售石油的最大成本之一，標準石油公司從鐵路方面得到那麼大的好處，自然可以降低售價，擠垮別的競爭者。但是洛克斐勒爭辯說，他的這種做法是合法的，每樣東西不是批發價都比零售價便宜嗎？這些規律對能擔保每年在一條鐵路上交運千百萬桶石油的任何公司，不是完全一樣的嗎？如果只有標準公司能符合這個規格，這難道是他的錯誤嗎？如果這條鐵路寧願和一家擔保每年營業額的大公司做生意，而不和其他要運送石油的不可靠的小主顧做生意，你能指責標準石油公司或一條鐵路嗎？對那些

洛克斐勒

外行人，洛克斐勒則是如此回答的：「那些不懂生意經的人一天到晚嚷嚷說回扣是不道德的，但是你們想想看，誰能買到最便宜的牛肉？是家庭主婦？俱樂部的管事？還是軍中的伙伕？這些人根本分不清零售價和批發價的不同。運輸方面也是同樣，誰能撿到最好的價錢？是每天運5,000桶的公司？還是500桶、50桶的公司呢？」

在洛克斐勒的生意眼光中，他這樣做無可厚非，自然選擇，適者生存嘛！可是在美國政府的眼中，任何由政府輔助的鐵路公司應該對他們的大小主顧一視同仁，這就叫做公說公有理，婆說婆有理，看問題的角度不同，結論自然不一樣。

但是，洛克斐勒仍然感到憂心忡忡，原因是眾多的原油生產地商人們正在組成生產協會，一旦他們與大油田區的煉油企業聯合起來，必將對標準石油產生極大的威脅，怎麼辦呢？一個驚人的計畫在洛克斐勒心中成熟了。

深夜11點半，一位不速之客來到洛克斐勒下榻的紐約聖尼古拉斯大飯店。「是誰啊？」被叫醒的洛克斐勒沒好氣地問。「湖濱鐵路董事長華森特在廳裡等你呢。」弟弟威廉答道。華森特已取代了迪貝爾，出任了湖濱鐵路的董事長，他與賓州鐵路的董事長史考特關係很密切，他來做什麼呢？

身穿大禮服和紅背心的華森特進來了。「請不要吃驚！」華森特鄭重道歉後，說道：「史考特先生建議我們雙方合作。」

「是嗎？這麼說史考特董事長已經高舉白旗，要與我們和解了嗎？」洛克斐勒故意看了看坐在一旁的弗拉格勒。

「鐵路大聯盟的構想，您覺得如何？」華森特直接進入正題。

「大聯盟？」

「是的，運輸石油的所有鐵路公司均攜手合作，但是只與特定的石油業者進行大聯盟，至於小規模的中間石油業者或者石油原產地業者，則限制不使其加入這個大聯盟。」

送走華森特後，洛克斐勒說出自己的結論：「要有條件，儘管他們提出的聰明建議對我們有利，但是我們絕對不能讓鐵路方面有控制權，那樣他們就可以擅自提高運費。」

洛克斐勒壟斷的最終目標是形成托拉斯（Trust）。深夜來訪的華森特轉達的史考特的鐵路大聯盟計畫只是托拉斯的前奏，是企業統一聯合體這種特殊半壟斷形式的開端。

所謂企業統一聯合體，是指獨立的各個企業以獨立形態進行資本合作，受由它們產生的母公司股份分配額限制。這種母公司是一種變形的金融資本，稱為控制股份公司。

這種觀念的創始者在美國可以說是史考特和洛克斐勒。而由洛克斐勒和史考特共謀合成的企業統一聯合體，其主體非家族也非銀行，而是由洛克斐勒指定的煉油企業，因此掌握主權的是非家族式的利益聯合體——煉油企業家。

經過在紐約的幾次祕密協定，控股公司宣告成立了。史考特提出以「南方開發公司」作為控股公司的名稱，公司資本額為 20 萬，股份總額為 2,000 股——控股公司並不需太多的資金。由於洛克斐勒的強烈要求，鐵路大聯盟只允許凡德華爾特的代理人華特森作為代表加入控股公司，董事長由華特森擔任。

洛克斐勒拿出一份待列入控股公司的石油公司名單，問弗拉格勒：「到底該吸收哪些石油企業加入控股公司呢？」

「那些未被列入名單的企業將成為運輸戰中的失敗者，他們勢必面臨

滅亡的危險。」

「列入名單的企業雖然成為我們利益的共同體，但是也會成為將來的競爭對手，對我們的壟斷計畫勢必增加阻力。」

「但是，這些名單以外的企業勢力若是過於強大也不好，萬一他們聯合起來，組成另外的卡特爾，這又是個棘手的問題。」

這實在是一門學問，兩人非常謹慎，最終列出了幾家公司的名單，其中 3 家是洛克斐勒兄弟和弗拉格勒的，按控股率來說，洛克斐勒家族成為最大的股東，合計他們的股數為 540 股。南方開發公司與鐵路大聯盟之間簽定了運費祕密協定。這是「美國工業史上最殘酷的死亡協定」。根據這個協定，石油原產地克里夫蘭與匹茲堡之間公定原油運費為每桶 8 角。但是參加控股公司的煉油企業可獲得折扣，為公定價一半，即每桶 4 角。另外從克里夫蘭到美國東海岸各市精煉石油運費為每桶 2 元，其中有 5 角的折扣。

這樣，只有參加聯盟的企業才可從中獲利，沒參加聯盟的中小企業必須付出兩倍的費用，這將導致中小型企業的被淘汰。可見這是典型的弱肉強食、強者生存的例子。

為了禁止鐵路公司與沒有參加聯盟的煉油廠家做生意，聯盟對此也做了嚴格的規定：如果哪家鐵路公司接下了非「南方開發公司」成員的生意，他們則要被罰款，即鐵路公司要給成員公司相當於回扣的錢。比如，鐵路公司替克里夫蘭的非會員公司運油，回扣是一桶 4 角，同時是成員的標準石油公司也可以拿到 4 角錢一桶的回扣。手段可謂極其毒辣殘忍。

此外，他們還限制各鐵路公司必須將每日的運貨清單一律送交「南方開發公司」過目，使其成員對獨立公司作業情形瞭如指掌。不僅如

此，各成員廠商還有權稽核鐵路公司的帳本，檢視他們有無與獨立公司來往。這種種手段必然威脅到獨立廠商的生存問題，由此也可以看出，公司的權力是相當大的，控制著產品運費的諸多環節。

普法戰爭導致了美國經濟的蕭條，也促使了南方開發公司的成立。可以說，該公司是一個確保加強強者地位的獅虎鷹式祕密聯盟。

本來，「南方開發公司」的會員們是想用快刀斬亂麻的方式來消滅那些獨立廠商以控制市場，他們把煉油商聯合起來，並進一步想到將產油的商人也聯合起來，使原油也有一定的價格，一年開會調整一次，使整個石油界混亂無序、隨意變動的價格穩定下來。這樁陰謀順利地進行了兩個月，但是不料走漏了風聲，暴露了「南方開發公司」的真實面目，於是產油區內一片驚慌，一場中小企業爭取生存權的大戰由此爆發。一夜之間鐵路運費暴漲了一倍。鐵路大聯盟的祕密被揭穿了！一時間，街頭巷尾、旅店酒吧，人人都在談論此事。

「他們是想弄垮產油區嗎？」

「這樣我們還有什麼活路？」

當地報紙也撰文揭露了大聯盟的所作所為，並冠之以「小偷」、「騙子」、「魔鬼」的字眼。產油區的人們情緒激憤，他們在油城的歌劇院裡召開了聲討大會，會後又舉行了聲勢浩大的遊行示威，人們似乎完全忘記了嚴寒，他們高舉著火把，呼喊著「殺死大蟒蛇！」、「埋葬章魚！」（指惡勢力集團）聲音在夜空中久久迴響不息。要知道在美國，沒有再比「章魚」和「大蟒蛇」更加惡毒的形容詞了，意思就是「吸血鬼」。

「鐵路公司想弄垮石油原產地嗎？」人們議論紛紛，一些中小型企業起來抗爭。

這時一個短小精悍的年輕企業家站出來了，此人名叫亞吉波多，才

洛克斐勒

24歲,卻是一位天才的領導者。他提出一個對策「大封鎖」。同時,他把每桶原油的價格定為4元。洛克斐勒派華森特去見他,他大發豪言:「除非煉油業者停止與鐵路的祕密協定行為,並承認4元這個價錢,否則大封鎖是不會解除的!我們將堅持到底,沒有原油,不論煉油業和鐵路大聯盟都會束手無策。」

他拒絕了可以加入南方開發公司的收買,回到原產地,組織停止原油的供給,動員所有報紙製造輿論,揭露大聯盟的主謀。

洛克斐勒創設南方開發公司之初有一個主要策略,即僅允許一家紐約地區的煉油公司參加,因為美國產品外銷歐洲的出口基地是紐約港,洛克斐勒原來想將來只要買下這個企業,便可以借運費大戰打敗其他企業,獨霸紐約港。

被洛克斐勒排出在外的那些公司,在紐約成立了另一個煉油企業聯盟,洛克斐勒最大的失算在於,紐約方面的聯盟掌握著能左右中央報紙的力量。經過紐約各大報的報導,及公眾輿論的壓力,州成立了特別調查委員會。

經過長時間的談判,鐵路方面作出了折衷的姿態,表示立刻廢除與「南方開發公司」所簽訂的祕密折扣條約,另擬新的條約,宣布對所有各方一律收取平等的運費。此外,石油商們還組織了一個產油商保護協會,籌集了100萬美元,以資助石油區的煉油商。

新的條約包括所有願意參加的油業人士,主旨在平均分配原油及運輸的生意。斯考特當場就草擬了協議,使「南方開發公司」與大油田區及紐約來的代表共同在協議上簽了字。

最後以原產地同盟獲勝、洛克斐勒的失敗,結束了這場「大封鎖」。

創造奇蹟

洛克斐勒將如何面對這場失敗呢？而且越來越多的人開始高呼反壟斷反托拉斯的口號，洛克斐勒並沒有驚慌，他已經開始尋求對策了。

洛克斐勒小心謹慎地觀察和研究別的公司的成敗得失，然後再決定自己的行動──這是他的一貫作風。透過觀察和與夥伴們商討的結果，發現組建控股公司是一切辦法中的佼佼者。於是，標準公司於1879年6月改組，重新登記紐澤西州的標準公司，令其有權交換屬下20個公司的股份，資金由1,000萬美元增至1.1億，發行100萬股的普通股票和10萬份的優先股。6月19日，董事會宣布，所有屬下的20家公司與托拉斯已廢除的股票都應換成紐澤西公司的股票。於是，分散獨立的公司又重新團結為一體，股票集中之後，標準石油公司一度成為世界上最大、最富裕的公司。

在1906年，公司的總資金是3.6億，而每年的純收入是8,312萬。紐澤西標準石油公司又稱美孚石油公司，後改名為埃克森公司，至今仍然保持它的世界最大石油公司的地位，這是後話。如此龐大的企業恐怕是當初誰也沒有想像到的，也許只有洛克斐勒夢想過，而今卻千真萬確地擺在眼前。至此，標準石油成為石油集團企業的地位已堅不可摧了。

美孚公司神通廣大，無所不知。對它來說，競爭對手每售出一桶石油，就像眼前掉下一隻麻雀，看得一清二楚。後來一位獨立經營的石油商約翰·蒂格爾告訴國會的一個委員會說：在那些競爭擴張的年月裡，他發現他的一位簿記員一直接受美孚石油公司一位代理人的賄賂，他得到一筆現款和年薪，因而就將蒂格爾工廠的每日活動情況（包括貨運去向及這些貨物的製造成本）造出一份副本，並將情報送到克里夫蘭。

洛克斐勒

事實上，過去，向強大的敵手或肆無忌憚的鐵路公司展開鬥爭是一種情況，現在吃掉獨立經營的小油商及規模不大的批發交易卻完全是另一回事。在壟斷了煉油業務並控制了石油運輸之後，美孚公司這條大鱷魚立即鑽進了石油交易市場的驚濤駭浪中。它將全國劃分為幾個區，它的分支機構開始按照劃區派遣它們自己的裝油馬車深入到小城鎮去，它們使用削價手段來消滅過去一直在那兒出售火油的廠商們，這樣洛克斐勒的名字就變得家喻戶曉了。

洛克斐勒在石油事業上絕不是革新者。他服膺卡內基的理論：「闖出新路，是沒有好處的。」在這點上，從下面這件事就可以看得清楚。1879年，海岸公司為了謀求打破洛克斐勒對鐵路公司和石油銷售方面的遏止，就鋪設了一條長達110英里的輸油管道，從石油區直鋪到海邊。儘管洛克斐勒叫他的代理人盡量買進路權，以阻斷管道的路線、恫嚇工人，甚至陰謀破壞這條輸油管道，海岸公司還是成功地完成了這個工程。由於美孚的這次勾當未能得逞，它的股東之一阿奇·博爾德就以賄賂開路，滲入海岸公司，並且利用它們股東之間的鬥爭和其他問題圍攻海岸公司，直至它終於售出給美孚公司為止。不久，美孚公司就抄襲海岸公司的工程技術，建造了它自己的巨大的輸油管道系統。

美孚公司的每個股東大員雖然各有任務，但是都在洛克斐勒嚴密的控制下，每人主持一個委員會。洛克斐勒從來不允許哪個公司成為個人表演的櫥窗，並在經營活動中逐漸灌輸他所謂的「美孚精神」，他培育了一批新型的、忠誠不渝的企業管理人才。正是由於美孚高級職員的才能，公司才能夠充分利用時機，使它所開闢的各個領域沿著技術、地區以及工業各條戰線迅速發展。

到了上世紀的最後幾年，新興的工業科學發展了幾十種石油副產品

的衍生物：石蠟、潤滑油、凡士林，甚至還有口香糖。恰恰就在電燈泡即將使火油不再作為照明劑的時刻，內燃機——它將改變現代工業的能源基礎並引起為爭奪油源和供應，而影響國與國之間關係的鬥爭——即將把美孚石油公司推向甚至連洛克斐勒自己都夢想不到的財富和權勢。1903 年，美孚公司的代理商在基蒂霍克向萊特兄弟（Wright brothers）公司提供他們的汽油和潤滑油。1904 年，這些代理商的業務員建立了一個服務站，供參加第一屆紐約——巴黎國際汽車比賽的競爭者使用。

洛克斐勒始終不懈地致力於托拉斯的發展——即使當時誰也料想不到石油會有這樣了不起的前景——這就使美孚在充分利用未來可能出現的一切機會方面，處於一種優越的地位。其時，國際上一場新的鬥爭正方興未艾。因為石油從一開始就是一種國際商品，它的出口額遠遠超過國內消費量。而美孚由於前段時間，曾經購進繼趨於枯竭的布萊德福油田之後，蘊藏更為豐富的俄亥俄明萊馬油田，所以美國的出口石油中，仍有 90% 是由美孚石油公司提供。

雖然美孚公司在爭奪海外市場時，既無後臺撐腰，也不能指望得到任何方面的支援，只能孤軍作戰，但是，美孚公司的心狠手快程度，也是遠近聞名的。當時，俄國正在黑海開採巨大的巴庫油田，美孚在國際石油市場的壟斷出現缺口。到 1883 年，通往黑海的鐵路已經建成，沙皇邀請了諾貝爾（Nobel）兄弟以及羅斯柴爾德家族（Rothschild）去協助開採這些巨大的石油財富。到 1888 年時，俄國在生產原油方面超過了美國，數年前默默無聞的俄國火油已壟斷 30% 的英國市場，並且正在向歐洲其他地區擴展。

在這種危急情況下，美軍公司的智囊團於百老匯大街 26 號開會，著手採用削價戰術進行反攻。決定消滅那些以前利用過的歐洲進口商號，

洛克斐勒

而建立起一套國外分支機構的系統來取而代之 —— 如英美石油有限公司（在英國）、德美公司等。它派遣約翰・阿奇博爾德出國與羅斯柴爾德家族祕密交談，其著眼點是所謂歐洲市場「合理化」的問題，它謀求收買對手，同時透過祕密購買股票的辦法打進去。它取得的成就給予人們深刻的印象，但是也並未取得徹底的勝利。從 1884 年到 1899 年，美國出口到歐洲的石油增長 5 倍，但是美孚公司最多也只能保持歐洲市場的 60% 而已，這種情況直到 1914 年世界大戰時，才完全改變石油鬥爭的局面。

不過另一方面，人們或許認為美孚公司對國內已構成一種威脅，但是當在國外活動時，它卻以美國化身的資格出現。它的繁榮昌盛就是美國的繁榮昌盛，它的命運是和美國的命運息息相關的。事實上，到了 1890 年代，美國石油已經滲入地球上那些尚未開發的地區。

後人繼承再創輝煌

1874 年 2 月 29 日，洛克斐勒的兒子小約翰・D・洛克斐勒（John Davison Rockefeller, Jr.）出生了。

小洛克斐勒從小意志堅毅，他在本子上反覆練習一句家庭格言：「能克制自己的人是最偉大的勝利者。」後來，當他上布朗大學時，他意識到，作為兒子他將繼承父親的巨大財產，而且將維護家族名聲，榮宗耀祖。1901 年 10 月，小洛克斐勒與美國參議員納爾遜・奧爾德里奇的千金艾比・格林・奧爾德里奇小姐結婚，其後，艾比的作用已不止於為洛克斐勒家族的威望添磚加瓦。

小洛克斐勒將要繼承父親的鉅額家產，人們對此極為關注。與別的大公子揮霍無度的舉措相比，小洛克斐勒的聰明、節省、勤勞的作風確

實令人覺出他是位與眾不同的新的企業鉅子。他被父親委派參加花旗銀行、美國鋼鐵公司、紐澤西美孚石油公司、科羅拉多燃料與鐵礦公司、幾家鐵路公司以及芝加哥大學的董事會。總之，他已成為美國 17 家最大的金融和工業企業的董事。與此同時，他積極投身社會公益慈善事業，促成 7 個服務性組織，包括基督教青年會、基督教女青年會、全國天主教戰時委員會、猶太福利會和救世軍等，實施第一次世界大戰後舉世聞名的洛克斐勒基金會戰時救濟工作。

不久，他被邀與總統卡爾文·柯立芝（John Calvin Coolidge）在橢圓形辦公室裡共進午餐──他不是作為一個知交密友或競選運動的捐助人身分，也不是通常以企業界代表的身分，而是作為實施國家法律的第一流公民團體的首領去參加的。不久，無論在自然保護方面還是在教育方面、具體確定外交政策方面、醫學研究方面、行政管理方面、藝術收藏方面，在這個國家最有威信、最有影響的一些機構中，小洛克斐勒都占據著獨特地位。

到了 1930 年代，小洛克斐勒的成就已是無可否認的了。他在施行慈善業的捐資時，並沒有忘記為家族增加新的財富。1913 年，他說服老洛克斐勒，買下了公平信託公司。由於家族財富的巨大的潛在力量，到 1920 年，公平信託公司已擁有 2.5 千億萬美元的存款，成為全國第八個最大的銀行。

到 1929 年，透過一系列詭計多端的合併，它吞併了 14 家較小的銀行和信託公司，不僅成了全國最大、最強的銀行之一，並且在國外也開設了許多分行。它成為洛克斐勒家族日益複雜的金融計畫的一個重要部分。後來，他們又成功地與世界上最大的銀行──大通銀行合併，並透過幾次較量，將銀行董事會控為己有，小洛克斐勒使大通銀行成為洛克

135

洛克斐勒

斐勒金融勢力的未來基石的同時，小洛克斐勒還把他的一些美孚石油公司股票，再投資於國際商業機器公司、通用汽車公司和其他一些新的公司。這些投資都為他贏回了數倍於投資的巨大的利潤。

1939 年，小洛克斐勒已經 65 歲了，他為洛克斐勒這座耗資 1.2 億美元的中心大廈釘上了最後一顆鉚釘。他的孩子們將在這個基礎上，把洛克斐勒家族的榮譽推向更大的輝煌。

杜邦

杜邦

輝煌歷史的序篇

美國軍火大王杜邦（Du Pont family）不是指一個人，而是指一個龐大的家族，一個擁有190多年歷程的軍火、化學及金融界的壟斷資本集團。而這個壟斷集團的締造者就是厄留梯爾‧伊雷內‧杜邦（Eleuthere Irenee du Pont）。

皮埃爾‧塞繆爾‧杜邦‧德‧尼莫爾（Pierre Samuel du Pont de Nemours）降生於巴黎以南60公里處的古都尼莫爾郊外，一個貧窮的鐘錶業世家。他聰明早慧，文章寫得不錯。成年後，他不想繼承家業，立志要成為文學家或朝廷重臣。

24歲時，皮埃爾撰寫的經濟論文《對國家財富的觀感》發表，引起了當時法王路易十六（Louis XVI）任用的啟蒙主義者，貴族出身的金融家和大資本家雅克‧杜閣（Jacques Turgot）的注意。他召見了這位青年作者並與之交往。在杜閣的提攜下，皮埃爾被任命為御用刊物《農商與財政雜誌》的編輯。26歲時，皮埃爾娶瑪麗‧勒‧迪伊小姐為妻。隨後，瑪麗生了一個男孩，取名維克托‧瑪麗‧杜邦（Victor Maric du Pont）。不久，瑪麗又生下了一個男孩，他就是「杜邦帝國」的創始人厄留梯爾‧伊雷內‧杜邦。這個好聽的名字是伊雷內的教父、皮埃爾的恩人杜閣取的，意思是「自由與和平」。但是，這位伊雷內日後的所作所為與「自由」、「和平」毫不相干，卻與其反義詞「統治」和「戰爭」結下了不解之緣——當然，這是當時誰也沒有料到的。

在次子伊雷內降生後的十幾年裡，皮埃爾在路易王朝擔任過各種官職，參加過1783年英國和美國（原英國殖民地）之間的談判，以及巴黎和約的簽訂工作，成了調解美國獨立戰爭的法國代表之一，並與起草美

國《獨立宣言》的傑弗遜總統（Jefferson）和富蘭克林（Franklin）成為好朋友，皮埃爾因完成此次重大使命有功，於1783年12月被法王路易十六封為貴族、王朝的商務總監並擔任波蘭國王的顧問，成為赫赫有名的保皇派政治家。

次年9月，妻子瑪麗病逝，皮埃爾回到尼莫爾的宅邸居住。此時，長子維克托已經長大，但是他並沒有繼承其父皮埃爾努力工作的進取精神，而是以懶散、淺嘗輒止的態度對待一切。他總是一幅吊兒郎當的公子哥派頭，辦事能力較差，以至在父親主管的商務部當個低階祕書也不行。他喜歡的工作是作為巡視員周遊各省，盡情享受別人招待的美酒佳餚。儘管這樣，還是「朝中有人好作官」，以後，放蕩的維克托以外交部見習生的身分，被派到費城駐美大使手下，後來大使因事被召回，他便成了代理大使兼大使總領事，成了響噹噹的外交官。

伊雷內與哥哥相反，他辦事慎重、對自己有嚴格的要求，性格內向。還有一點與他的父兄不同，那就是對科學的濃厚興趣和鑽研精神。父親皮埃爾有一位老朋友，即被稱為「法國近代化學之父」的安托萬·拉瓦節（Antoine Lavoisier）。這位化學家是設在埃松的法國皇家火藥工廠的廠長，還是路易王朝最後一任財政大臣。他是皮埃爾家的常客，喜歡與皮埃爾討論農田土壤改良問題直至王朝的政治經濟方面大事，而這些都是小伊雷內所感興趣的東西。拉瓦節也很喜歡他，帶他參觀埃松火藥廠，拉瓦節告訴他：只要將硝石磨碎後的粉末再加上硫磺和碳攪拌好就是火藥。硝酸鉀、硫磺和木炭三者的比例是7：2：1。拉瓦節還為小伊雷內講了不少有關火藥製造的知識。

不久，伊雷內就在拉瓦節的火藥廠學習並開始工作。正是拉瓦節和埃松火藥工廠，為這位後來成為世界上最大的軍火公司創始人打下了最

杜邦

初的專業基礎。

1789 年 7 月 14 日,巴黎人民武裝起義,攻破專制制度的象徵巴士底監獄,法國大革命開始了。新貴族皮埃爾是個頑固的保皇派,當法國左翼力量日益壯大時,他卻與國民警衛隊司令拉斐特一起建立了贊成君主立憲制的資產階級保守派組織「1789 年俱樂部」,為維護國王的統治甘效犬馬之勞。

1792 年,伊雷內與蘇菲姬結婚,同年 8 月 10 日,革命勢力推翻了法王路易十六的統治並將其處死。1794 年,原財政大臣、伊雷內的教師拉瓦節也被送上斷頭臺。

不久,皮埃爾·杜邦因捲入反革命騷亂被捕下獄,面臨被處決的境地。7 月 29 日,雅各賓派首領羅伯斯比爾(Robespierre)和其他 21 人被大資產階級反動派處決。8 月 25 日,皮埃爾獲得自由,回到了自己的莊園。

到了 1799 年,皮埃爾關於在美國建立所謂「邦提尼亞」殖民的投資計畫獲得巨大支持,他得到了各界人士幾百萬法郎的資助。拿破崙的新政府認為皮埃爾是「土黨」,決定將其放逐美國。這樣,1799 年 10 月 2 日,杜邦一家 13 口人,包括皮埃爾、從費城歸國的維克托和次子伊雷內以及他們的家屬,登上一艘叫「美國之鷹」號的破帆船,啟航駛往美國。

1800 年 1 月 1 日傍晚,飄揚著杜邦家族旗幟的破帆船「美國之鷹」號駛入羅德艾蘭新港。儘管沒有誰前來歡迎被放逐來此的法國貴族,但是杜邦一家還是無比高興。因為他們畢竟獲得了自由之身,並且可以在新大陸上重新開始了。皮埃爾這位「逐臣」可不是窮光蛋,他帶來了大批的家具、衣服,身藏 24 萬法郎,此外還有 100 多萬法郎正在託運中。杜邦一家落腳在紐澤西州的貝爾根斯角一幢早就安排好的寬敞房子裡,環境很舒適。

沒過多久，進出口貿易公司的招牌就出現在皮埃爾設在紐約豪華辦事處的門前。在貝爾根斯角的家中，皮埃爾向他的子女們闡述了他的「邦提尼亞」計畫，提議購買美國土地，再以高價轉手賣給個體農民。皮埃爾的計畫受到了全家多數人的歡迎，只有諳熟美國情況的長子維克托認為它不切實際。皮埃爾的好友、美國副總統傑弗遜也致信提出忠告：「關於您在維吉尼亞的亞歷山大周圍購買土地的計畫，我認為最好打消此念。自『斷頭臺』式的革命以來，國內反法風聲日緊……」傑弗遜還告訴他目前土地投機商已滲入西部並抬高地價等情況。對此，皮埃爾根本聽不進去，直到後來在事實面前碰了壁才認輸。

　　皮埃爾還提出了創立油輪公司、和西印度群島的法屬瓜德羅普島進行轉口貿易等一系列計畫，但不是因為客觀條件不成熟，就是情況發生突然變化，沒有一個落到實處。最後實行的是次子伊雷內提出的「第八計畫」，即製造軍火的計畫，正是這個奠定了杜邦財閥的基礎。

　　至於實行軍火計畫的基地，伊雷爾選中了位於德拉瓦州威明頓城外一條水流湍急的布蘭迪瓦因河，它是德拉瓦河的支流，其流量為每秒280立方英呎，足以推動火藥廠的動力渦輪。這個地方除水流量理想外，還有兩點也十分理想：一是樹木繁茂，這是製作木炭的原料；二是有大量花崗岩，便於取石建廠房。

　　還有，這裡居住著不少法國人，他們都是從聖多明各奴隸暴動成功後逃亡的難民，願意拿比美國人更低的薪資為伊雷內做事。火藥專家伊雷內大喜過望，馬上計算預算：如果每年生產火藥16萬磅（7.25萬公斤），銷售額有4萬多美元，扣除總投資3萬美元，還有1萬多美元的利潤。另外，在當時的美國新大陸上，火藥是各地各業必需的，不論是開墾田園，還是修築運河、橋梁和道路，移民們都少不了它。他把這個想

杜邦

法告訴父親，皮埃爾被兒子的見解所折服，立即派他和維克托去法國籌措製造火藥的機械和工人，並向剛剛當選的傑弗遜總統報告此事，同時「希望將來能與美國政府簽訂購火藥的合約。」

1802年4月27日，在杜邦家族的歷史上，是個值得紀念的日子。這一天，伊雷內和維克托的朋友亞歷山大的弟弟博迪，以6,740美元的價格合夥買進了當地人布魯姆廢棄的棉織工廠。就這樣，杜邦火藥廠成立了，杜邦公司的歷史開始了。僅僅10年之後，它便成了全國最大的火藥公司。它的創辦人，當然是火藥專家厄留梯爾·伊雷內·杜邦。輝煌的杜邦公司歷史由此拉開序幕。

快速崛起的火藥托拉斯

路易斯安那東西橫密西西比河和洛磯山脈，南北從墨西哥灣至加拿大的法國殖民地，總面積為82.8萬平方英里（214.4萬平方公里），農業與政治要地。1802年4月，皮埃爾向傑弗遜總統建議從拿破崙手中買下該地，做為美利堅合眾國的領土。這個重大建議與傑弗遜總統的觀點不謀而合。傑弗遜認為美國的民主與繁榮取決於自由民移居自由土地的能力。總統即派皮埃爾代表他去巴黎和拿破崙祕密談判。名義上，此事由總統的特使門羅辦理，但實際上皮埃爾·杜邦是執行人。

1803年5月8日，拿破崙簽署了賣地條約，以1,500萬美元的價格將路易斯安那賣給了美國，平均每公頃3萬美元。美國在這筆交易中得到了驚人的實惠，將領土一下子擴大兩倍。年底，傑弗遜寫信給皮埃爾·杜邦，對其「愛國行為」表示衷心的感謝：「祝賀你能在有生之年，在為千百萬未出世的人們造福的一筆交易中作出了貢獻。這筆交易將使地球

快速崛起的火藥托拉斯

上一部分割槽域變得遼闊廣大，我指的是當今美利堅合眾國的疆土。」

具有商人基因的杜邦家族當然很會利用有利的時機，1803年7月，伊雷內得知其父在這筆交易中所發揮的作用後，馬上寫信給傑弗遜，要求政府給杜邦家新建的火藥工廠以優惠。不久，他得到了一份提煉政府所有硝石的合約。這樣一來，美國政府就成為伊雷內的最大買主。

先進的技術、廉價的勞動力、政府的優惠、日益擴展的市場，這一切構成了牟取暴利的杜邦公司創業階段的基石。1804年春，伊雷內·杜邦完成了首批黑色火藥成品，並將其送到兄長維克托·杜邦在紐約格林威治街的貿易公司。維克托立刻在報上刊登廣告，宣稱杜邦火藥公司生產的這種黑色火藥優於任何火藥。維克托的廣告絕非言過其實：這種火藥色澤漆黑，爆炸力很強。使用者馬上看中了它，美國海軍訂了2.2萬磅（約10噸），西班牙駐美大使訂了4萬磅（約18噸），此外，美國陸軍部訂購了12萬磅（約54噸）精製硝石。

1804年杜邦火藥銷售額為1萬美元，1805年增加到3.3萬美元。1812年第二次美英戰爭前後，杜邦公司的買賣做大了。戰爭期間共向政府出售了100多萬磅火藥，這使公司能將獲得的越來越多的利潤中，絕大多數用於擴大再生產。杜邦家的名氣也大了。

1815年，前外交官維克托作為布蘭迪瓦區的代表，被選入德拉瓦州眾議院，1820年又進入州參議院。這是杜邦家族稱霸德拉瓦州的開始。在此之前的1871年8月，杜邦家族的老祖宗、前法國商務總監皮埃爾·塞繆爾·杜邦已經去世，杜邦家族的首領變成了維克托和伊雷內兩兄弟。1824年，杜邦家族擠進了美國新的財閥集團。伊雷內被任命為美國銀行的董事，這家銀行壟斷了全國的貨幣。1826年，維克托也成了該行的董事。

杜邦

　　1827年2月，60歲的維克托死於心臟病，伊雷內仍經營著火藥公司。這時公司年產80萬磅火藥，占美國火藥總產量的1／7。到1832年，公司已出口火藥120萬磅，而這30年公司貿易總額多達1,340萬磅。1834年10月底，杜邦公司的創始人、第一任總裁厄留梯爾·伊雷內·杜邦也因心臟病去世，終年63歲。伊雷內死後，公司由他的女婿安德宛·比鐵爾曼暫時代理，這種狀況維持了兩年多。

　　伊雷內·杜邦為杜邦公司日後的迅速發展奠定了基礎，掃清了障礙，把觸角伸到美國社會的各個領域。

　　杜邦死後，公司由他的女婿安德宛·比鐵爾曼掌管，在他的精心管理下，杜邦公司改善了自己的財務狀況，償清了因購買法國持股人手中的具有表決權的股票而欠下的所有債務，使公司的基礎更加堅實。

　　伊雷內有3個兒子，長子艾爾費雷德生性溫順，他對化學實驗的興趣超過了謀利。父親死時，他已36歲，兩個弟弟亨利和阿萊克西斯分別為22歲和18歲。1837年，艾爾弗雷德出任杜邦公司第二任總裁。他堅持要和兩個弟弟合夥管理公司，但是最後裁決的人還是他。這以後的十幾年裡，國內經濟一片蕭條，企業破產、銀行倒閉，而杜邦公司卻一直生意興隆。這是由於美國與墨西哥的戰爭、國內的礦業開採和公路鐵路的修建等都需要越來越多的火藥。

　　1850年，艾爾弗雷德因病辭職，其弟亨利·杜邦成為公司第三任總裁。這位西點軍校的畢業生外表嚴厲，有軍官氣派。他接手後全面整頓了公司，選用能人，不斷擴展國內外市場，使公司跨入了一個新的階段。從1850年到1889年，亨利·杜邦主宰杜邦公司近40年，這個時期是杜邦公司飛速發展的時期。

　　在亨利接管公司後的最初10年，亨利把眼光放到國外，克里米亞

快速崛起的火藥托拉斯

戰爭的爆發使杜邦火藥產品首次進入了歐洲市場，賺取豐厚利潤。1859年，亨利讓杜邦公司在賓夕法尼亞州建立了一座新的火藥工廠，以大規模生產硝化炸藥。

到 1881 年時，杜邦公司透過火藥同業公會，已控制了全美國黑色火藥市場的 85%，而到 1889 年時，美國 92.5% 的火藥生產已壟斷在杜邦公司控制的這個火藥托拉斯手中。

杜邦家族的祖先留下了這樣的遺訓：「跟官府合作，無論如何都會是一件愉快的事，尤其對於商人；官府有時所提出的要求雖然過分，但是它所給予的回報將是驚人的。」一個多世紀以來，杜邦家族正是透過與官府的結合，才獲得了超常的發展。

軍火王國發展到 1861 年，又出現了一位美國軍火王國頗有權勢的人物──拉摩特・杜邦。

此時的拉摩特雖然只有二十幾歲，卻是杜邦公司創始人的 24 個孫子當中，最有才華的一個。就像是杜邦天國裡新發現的星辰中最明亮的一顆星星。拉摩特有著其他兄弟所無法匹敵的洞察能力，早在他 20 歲的時候，他便預感到戰爭將不期而至，於是他主動到歐洲去待了 3 個月，學習英國、法國和比利時的工廠管理和新型的生產方式。一回到美國，他便著手改造賓夕法尼亞的工廠，使之能生產新發明的碳酸鈉火藥。但是，歷史還是趕到了拉摩特行動的前面，南部的奴隸種植園經濟與北部的自由勞動資本主義經濟，經過半個多世紀的激烈抗衡，終於發展到了只能用戰爭來解決問題的地步。

當林肯總統（Lincoln）宣布就職的時候，南部各州同盟也選出了自己的總統，並且很快招募了 10 萬人的部隊。接著波多馬克河兩岸都派使者來到德拉瓦，試探那裡的第一大家庭究竟支持哪一方。直到戰爭爆發

杜邦

後，叛亂的維吉尼亞州才收到了來自杜邦家族的一封急函，信中說保證「杜邦家族中有些人對南方是友好的」。

然而令人費解的是，南部同盟的大砲剛打響，杜邦公司的第二任總裁亨利便立刻跑到華盛頓，他四處奔走，竭力表明他誓死效忠於政府。這對於林肯來說無疑是莫大的安慰，作為報償，林肯將一大疊軍火合約交給了杜邦。

1861年底，南部同盟的大砲推到了華盛頓附近。而在這關鍵時刻，聯邦政府所能供應的硝石已經短缺，沒有硝石，就無法生產火藥。更讓林肯擔心的是，如果英國為了得到廉價的棉花而同情南方，停止對聯邦政府供應東印度硝石，那對於聯邦政府來說，這場戰爭無疑要失敗了。

苦苦思索出路的林肯把希望寄託在了杜邦家族的身上。在美國，尤其是在戰爭期間，沒有哪一家的名聲會比杜邦家族更響亮，也沒有哪一家族的地位能比他們更顯赫。無論是南部各州同盟，還是北方聯邦政府，都很清楚獲得這德拉瓦第一大家族的支持對於戰爭來說是多麼重要，因為他們控制著全國絕大部分軍火的生產。而事實上也是如此，自杜邦公司成立以來，杜邦家人便總是很樂意為政府效力的。

就這樣，經過近30年的發展，杜邦家庭已是腰纏萬貫、在德拉瓦一言九鼎的人物，林肯選擇他們作為自己的幫手，該是理所當然的了。

於是有一天，只有20多歲的拉摩特·杜邦被召進了華盛頓。當時白宮正處在一片忙亂之中。在那時，拉摩特默默地聽著憂心忡忡的總統講話。最後，當他揣摩出這些話的含意時，簡直驚愕得目瞪口呆了。原來總統要派他到英國去，單槍匹馬地以杜邦公司的名義去包攬世界硝石市場。

拉摩特想回絕總統，卻又想起了先輩留下的經營祕訓：「跟官府合作

無論如何都會是一件很愉快的事，尤其對於商人；官府有時所提的要求雖然很過分，但是它所給予的回報將是驚人的。」

拉摩特想像著這個事件對於杜邦家族的危險性，然而很快地腦海裡便閃現出另一種景象，那便是此事一旦成功，杜邦家族的名聲將不知要擴大多少倍，杜邦公司更可以因此而得到一些意想不到的好處。拉摩特思考了片刻，最後還是答應了總統的要求，他提出了一個條件：杜邦公司必須獲得提煉這些硝石的合約。

然而事情並非那麼簡單，當拉摩特剛付清貨款、開始裝硝石時，《泰晤士報》(The Times)突然襲擊，公開反對裝運這批貨物。

拉摩特看出，《泰晤士報》登的那篇文章正是控制英國經濟的大人物的傳聲筒。他迅速租好了船，僱好了船員。當他正在裝最後一批貨物時，一名英國海關官員來到碼頭，口口聲聲要檢查物主的證件。

人們很可能認為，在這種情況下，通常的應付辦法應該是盡快解決這些瑣碎的例行公事，然後設法帶著貨物溜之大吉。然而，拉摩特的作風卻不同。這位皮埃爾的子孫另有一套祖傳的妙法，而且學到家了。那就是千方百計地去探悉錯綜複雜的政治權術內幕，利用對這些政治權術的掌握，再去狠狠撈一把。

在去海關的路上，拉摩特極力勸說那位傻裡傻氣的官員共進午餐。酒足飯飽，談笑風聲，那位官員很快就洩露出，實際上是英國首相帕默斯頓勳爵(Lord Palmerston)命令扣留拉摩特的貨船，作為英國對美國新採取的禁運手段之一，這就是拉摩特需要證實的不幸的真情。

拉摩特獨自來到唐寧街10號，他連續4次通名求見首相，但是每次都遭到斷然拒絕。杜邦家族的人何曾受到過這樣的冷遇，最後，拉摩特決定孤注一擲，豁出命來做了。

杜邦

　　一天，當拉摩特在等候召見時，突然從椅子上一躍而起，從侍從身旁奔過去，直闖進帕默斯頓勳爵的私人辦公室。那位全球最大帝國的統治者看到他不禁愣住了，又感到有趣。拉摩特於是自作主張作出最後通牒：不供應硝石就打仗。首相顯然被此事弄得焦慮不安，就答應在下午作出決定。但是拉摩特並不罷休，他說，那不行。並且斷言：看來非打仗不行了。接著揚言他明天就要回美國去了。說罷揚長而去。

　　當天晚上，拉摩特在莫利飯店悶悶不樂地吃著最後一頓晚餐，他回想著下午在首相面前的冒險的言行舉止，不禁為自己捏一把冷汗：如果首相不吃這一套，那後果將是多麼可怕……就在這時，來了一位不速之客——英國首相。帕默斯頓勳爵和拉摩特同進晚餐，並對他低聲說，護照將在第二天發給他。首相還請拉摩特向林肯私下說明，現在英國沒有任何理由要與美國交戰。就這樣，大英帝國向一個無名小卒杜邦屈服了。

　　到了2月2日，拉摩特那艘裝有400萬磅硝石的貨船，啟程駛往美國。這是一次利用英美兩國之間的微妙政治關係，而使杜邦家族財運亨通的重大勝利，這個事件不僅使杜邦家族聲望陡增，更重要的是，政府對杜邦的依賴性加強了，杜邦公司的這條斂財之路顯然是越走越寬了。

　　機遇再加上杜邦家族能準確把握機遇的經營天才，才創造出了杜邦家族190年的輝煌史和1,500億美元的資產。儘管杜邦家族並不一定都是天才，但是起碼他們能牢牢掌握先輩遺留下的經營觀念，並大膽地加以發展、革新，然後把這些東西融會到整個杜邦公司，使之總能保持著旺盛的生命力。整個南北戰爭期間，杜邦公司為聯邦政府提供了近400萬磅火藥，從中獲得了100多萬美元的鉅額利潤。另外，由於在西部發現了新的市場，杜邦公司需要長途運送火藥。拉摩特從蒙特加寧到威爾

明頓之間修了一條鐵路，使公司的軍火廠直接與全國的鐵路網連起來。政府是明令禁運軍火的，但是亨利總裁卻能得到政府特許，大量運輸軍火，甚至可以出口。

南北戰爭期間，由於杜邦公司總裁亨利·杜邦發誓效忠政府，林肯授意德拉瓦州州長伯頓任命他為州武裝力量的少將。這位「將軍」牢牢地掌握了德拉瓦最大城市威爾明頓，並率軍隊開進了德拉瓦南部地區，進而控制了全州。

在 1868 年到 1888 年的五次總統選舉團中，亨利都是德拉瓦州的總統選舉人。杜邦家族此時已是腰纏萬貫的新貴族、德拉瓦州一言九鼎的人物了。1899 年，杜邦家族為了得到大企業的許多特許權，竟然操縱州立憲會議修改了州憲法。新憲法給予大企業納稅優惠的特權，也為建立大規模的股份公司開了綠燈。

建立工業帝國

戰爭是遲早有一天要結束的，戰爭財也不能永久地發下去，杜邦家庭早就預料到了這一點，於是他們開始考慮發展新的路。先是皮埃爾買下了幾家化學行業的工廠，使公司的經營多樣化。1915 年買下了製造真漆、火棉塑膠、搪瓷的阿林頓公司；1916 年買下了費爾菲橡膠公司；1917 年買下了製造染料、油漆、清漆和重化學產品的哈里森兄弟公司。以後，他又盤進了另外 5 家化學公司。

1915 年 9 月 16 日，處於資本耗盡、銷路大減困境中的美國最大的汽車公司——通用汽車公司的董事長杜蘭特邀請皮埃爾參加公司董事會會議。會議討論的中心是新董事會的成員問題。

杜邦

　　由於皮埃爾已經控制了通用汽車公司的 3,000 股，所以被聘為該公司董事長。同時皮埃爾還將杜邦公司的 3 名骨幹拉進董事會。這樣，杜邦家族成為操縱通用汽車公司的巨人。1917 年至 1919 年之間，杜邦公司又購買了價值 2,400 萬美元的通用汽車公司股份。短短兩年內，杜邦家族在通用汽車公司的總投資共 4,900 萬美元，占有股份總額的 23%，杜邦公司的銷售經理哈斯克爾被調往通用汽車公司擔任副經理，主持營業委員會。

　　1920 年，戰後經濟衰退，商人大批退貨，通用汽車公司股票暴跌。11 月，杜邦公司抓住時機讓摩根財團發行 3,500 萬美元的債券，買下了杜蘭特名下的全部股票。12 月 1 日，皮埃爾·杜邦成了通用汽車公司總經理。在此之前他已是董事長，現在身兼二職，完全掌握了通用汽車公司。

　　第七任總裁由皮埃爾的親弟弟伊雷內·杜邦出任，但是辭職後的皮埃爾仍以董事長身分繼續留在公司，伊雷內上任不久，1920 年代就開始了。這是一個美國現代社會形成的年代，是第二次工業革命的年代。總體上看，工業加速擴張，生產率提高，物價下降，資本主義迅速發展。1920 年代也是杜邦家族對美國社會產生最大影響的時代，是它的黃金時代。在此期間，杜邦家族建立了有史以來最大的工業帝國。這個帝國所囊括的不只是化學品和汽車，還包括美國政治、文化，在相當程度上決定著戰爭與和平。

　　1920 年，杜邦公司關閉了創業之初設在德拉瓦州布蘭迪瓦因河畔的火藥工廠，開始向金融界邁出大步。他們的金融隊伍開進各個投資領域，征服舊市場，開闢新市場。染料、清漆、汽車、玻璃紙、合成革、電影膠片等等，不一而足，他們還是美國航空工業的創始人。

杜邦家族第二代50年的家史，是一部由順利經營化學品而成功發跡的家史。軍火大王杜邦家族的興旺發達、財源茂盛和其傳統的統治方法有密切關係。第一次世界大戰期間，杜邦家族中的十幾個核心人物每年各自有100多萬美元收入，而杜邦工廠工人的薪資是每小時1美元。從公司成立到1910年，有400多名工人死亡，數千名殘廢和受傷。而僅在一戰期間的幾年中就有347人喪生，受傷的人數根本沒有記載。更令人髮指的事件還有：1924年到1925年間，杜邦公司和通用汽車公司合夥創辦的迪普沃特工廠，因生產毒氣四乙鉛而使8名工人死亡、300多人受傷害。這一切都是杜邦公司強迫工人加快從事易爆品、危險品的生產，又缺乏起碼的保護措施造成的。

杜邦公司制度嚴謹，在其內部禁止工人成立工會，更禁止他們罷工。公司沒有工會，卻有一支1,400人的私人警察兼特務隊伍。這些人由華盛頓哥倫比亞特區前警察局長訓練，被杜邦家族僱用。數百名特務被精心安插在工廠中，任何對戰爭或公司待遇、工作條件不滿的人立即會被說成是「外國間諜」而被清除。另外，公司主管可以隨心所欲地、大批地解僱工人。1918年，戰爭接近尾聲，軍火生產開始降溫。聖誕節前，皮埃爾一下子解僱了3.7萬工人；到戰爭結束時，他又解僱了近7萬人。這些曾為杜邦家族流過血汗、創造了驚人財富的無產者，一夜之間被公司拋棄，生計沒了著落。

杜邦家族的統治除了「巴掌」，還有「甜棗」。他們讓工人入股，使工人與企業牢牢地掛在一起。杜邦公司的軍師、皮埃爾的助手約翰·J·拉斯科布 (John J. Raskob) 是個頭腦靈活、老謀深算的人物。他從皮埃爾的私人祕書一直做到杜邦公司副總經理、通用汽車公司董事，並建立了通用汽車承兌公司，首創分期付款購買汽車的辦法，他將杜邦公司對管

杜邦

理人員採取支付紅利和分攤股票的辦法用在通用汽車公司,並允許能賺 5,000 美元或不低於此數的通用汽車公司工人購買 10 股債券股票(利率 6%),對這些股票在 5 年內每年每股分額外股息 3 美元,作為僱主對僱工的特別分配。因為這時的通用汽車公司已經和杜邦公司揉在了一起,在相當程度上,「通用」的工人即杜邦的工人。而拉斯科布則是杜邦家族的代理人,他的統治方法即杜邦家族傳統的方法。

100 多年來,杜邦家族的家長制有效地統治著工人,使公司不斷發展。他們靠這種體制影響、干預工人的整個生活,從工人的宗教信仰到衣食住行。杜邦家族的男子都與工人一起從事體力勞動,互相熟悉。這種密切的關係把工人和廠主聯結在一起,而與其他公司的工人疏遠。

這在相當程度是抹煞了階級和階級矛盾。再加上部分工人受到公司宣傳鼓動的矇蔽,夢想當經理和管理人員而甘願受現行秩序的約束。他們難以意識到自己是工人階級的成員,從而阻礙了階級覺醒。

杜邦公司實行等級制工作,使僱員彼此不相往來。熟練工人被作為工頭加入資方的行列,並靠這些人建立所謂的「勞資協議會」。公司對全體員工灌輸「你是一個杜邦人」的自豪感,再用入股計畫加強這種觀念,這些做法與日本的一些大公司相似。

財富迅速膨脹

1932 年,富蘭克林・德拉諾・羅斯福(Franklin D. Roosevelt)登上了總統寶座。當然,正如人們眾所周知,這個勝利主要應歸功於杜邦家族代理人拉斯科布。他經過 4 年努力建立起一個以城市為基礎的政黨,並資助該黨渡過困難時期,使其得到了城市平民的支持。

在羅斯福實施新政第一年，杜邦家族是普遍支持他的。當羅斯福由於國內搶提銀行存款和國際上搶購黃金而下令銀行休假，並號召私人把貯藏的黃金轉入政府儲蓄之時，伊雷內·杜邦樂意地把20年來作為董事聘金和積存的許多金條拿出來，交給了信託公司。他向報界宣稱他們有責任支持政府的黃金儲備。他在那一年還以私人名義向民主黨捐贈了5,000萬美元。

然而羅斯福接下來的法令卻令伊雷內·杜邦大失所望，使杜邦這樣的大公司與政府逐漸出現了矛盾。「證券交易法」使杜邦控制的通用航空公司解散，「鐵路工人退休法」規定發給鐵路工人養老金，這無疑會對杜邦的董事們不利。

杜邦家族認為羅斯福在改革方面走得太遠。伊雷內毫不客氣地抨擊羅斯福在「掏別人的腰包來發救濟金」。為了維護自身利益，杜邦聯合摩根財團、洛克斐勒財團成立了美國自由團來與羅斯福的新政相對抗。

1934年8月15日，「與激進主義作鬥爭」的新組織——美國自由團成立。其宗旨是「維護憲法」、「保持既得財產的所有權和合法使用權」。參加這個組織的有杜邦財團、摩根財團和洛克斐勒財團的代表。與此同時，杜邦家族還捲入了美國歷史上的一場未遂政變：要以強力推翻羅斯福政權。只是由於此案涉及了國內一些金融界大廠，羅斯福才沒有深究。

1936年1月，為了爭取連任總統，羅斯福擺出了「正義化身」、「民眾代表」的姿態，向美國的主要軍火製造商杜邦家族開火。在國會聯席會議上，他發表了慷慨激昂的演說：「我們在34個月內，已建立了新的民眾權力機構。在一個人民的政府手中，這個權力是有益而正當的，但是在經濟寡頭和政治傀儡手中，這種權力就可能為人民的自由製造鐐

杜邦

鎊。」羅斯福鼓動民眾反對「自由團」中破壞罷工的資本家，旨在反擊他們的挑戰。

1936年1月，羅斯福決定利用日益加劇的歐洲緊張局勢，他不僅宣布要奉行不干涉政策，而且還宣布向美國最大的軍火商杜邦家族開火，從而開展使他自己再次當選的選舉活動。在國會聯席會議上，羅斯福提出了他的「中立法案」，規定禁運武器和彈藥，也禁止一切可能用於戰爭的商品出口。

杜邦家族對羅斯福的言行簡直憤怒至極。他們決定支持阿爾弗雷德·蘭登（Alfred Landon）當選總統改變杜邦所面臨的尷尬局面。然而，似乎歷史注定杜邦家族這一次是在劫難逃了。

蘭登雖然有杜邦這個強大的經濟支柱，可與羅斯福這樣一位如此深得人心的總統和強而有力的競選者相比，他甚至從未有過一絲得勝的希望。在人口10萬以上的城市中，羅斯福贏得了104個、而蘭登只贏得了2個，這是杜邦家族有史以來遭到的最大一次失敗。過去，從未有一個家族單獨控制一次競選活動。因此，1936年共和黨人所遭受的毀滅性失敗對杜邦家族也是毀滅性的否定。正如泰勒·考德威爾（Taylor Caldwell）的《死神王朝》中所比喻的，杜邦可能是美國最可恨的名字。

杜邦家族的噩運僅僅持續了一年，羅斯福便主動來找杜邦和解了。這也許是歷史又一次注定了杜邦家族要重振雄風：因為第二次世界大戰已是迫在眉睫了。也許是只有在戰鼓響起的時候，政府才會意識到與杜邦合作是一件多麼愉快的事。

1937年6月一個風和日麗的下午，在德拉瓦，數以百計的杜邦家族成員和貴賓興奮地擠在基督教堂前面。那裡，在一座俯瞰原先的希蘭迪瓦因火藥廠的鬱鬱蔥蔥的山崗上，衣冠楚楚的人群登上教堂陳舊的臺

階。照相機和閃光燈旋風似的忙碌著，拍下了本世紀最盛大的婚禮場面，這是許多杜邦家族翹首以待的。教堂內，許多名人端坐在一排排擦亮的木製靠背長凳上，注視著一身穿著禮服的瘦長的新郎小富蘭克林·羅斯福（Franklin Delano Roosevelt, Jr.），他在急切地等待新娘埃塞爾·杜邦。但是，那天最引人注目的明星卻是新郎著名的雙親：羅斯福總統和夫人。

在所有可能發生的事件中，這次杜邦家族和白宮之間的結合可能是公眾最意想不到的。僅僅一年前，杜邦家族還在和羅斯福總統交戰，雙方都發表了連珠炮似的政治演說，互相猛烈抨擊。然而，一切都像童話般的美滿，美國最有權勢的兩大家族走到一起了。

這個事件表明美國最有權勢兩大家族休戰，同時也是以杜邦家族為代表的大財閥最終戰勝政府的代表。經濟崩潰，戰爭在即，政府絕不能得罪大財閥，因此率先打出白旗，放寬了對大公司的限制，決定對其減稅。1939年期間，杜邦家族的尤金向法院起訴，最後勝訴，得到了以前政府對其徵收的6.3萬美元的拖欠稅；拉摩特追回了1934年支付的5萬美元聯邦稅；伊雷內也追回了2.8萬美元。1939年6月，拉摩特對威爾明頓信託公司起訴，索取1935年為13個杜邦家族成員信託財產而上交的22.3萬美元。當然這筆款項也退回了。羅斯福政府完全推翻了它早已制定的稅收政策，從而動搖了「新政」結構的基礎。

杜邦家族意識到該是按自己的意志來辦事的時候了。

戰爭是被稱為「死亡販子」的杜邦家族發財的好機會。小戰小發，大戰大發。1939年，規模空前的第二次世界大戰爆發，機會又來了。1940年，杜邦公司向英國和德國提出了一個無煙火藥工廠的預算，6月4日軸心國批准了這筆預算，並簽訂了一項合約，同意資助全部工程。7月，羅

杜邦

斯福政府向杜邦公司訂購了價值 2,000 萬美元的無煙火藥。為了生產這批火藥，杜邦公司被授權以 2,500 萬美元建造並管理一家新廠，其產量將達到全國火藥總產量的 3 倍。杜邦公司第八任總裁拉摩特·杜邦高興地說：「他們需要我們所擁有的東西，好，讓他們付出相應的高價吧！」

1940 年，杜邦公司第 9 任總裁皮埃爾·杜邦的妹婿之弟、52 歲的華特·卡彭特被公司選中，出任公司第 10 任總裁。此人不僅是專業研究人員出身，而且辦事果斷敏銳，有很強的社交能力。時值「二戰」，正是這種人物大顯身手的好機會。在他的領導下，杜邦公司生產了 40.5 億磅的火藥，占戰時全國總產量的 70%。比公司在第一次世界大戰時總產量增加了 3 倍。與一戰不同的是，杜邦的非火藥生產和營業利潤更大，這些非火藥生產也是軍用的。杜邦的尼龍降落傘、蚊帳、油漆、染料用於軍艦、軍服，防凍液用於軍車等。

1940 年，杜邦公司的營業利潤為 1 億美元，1941 年猛增到 1.58 億美元。另外，1941 年杜邦公司還從通用汽車公司的紅利中撈到了 3,700 萬美元。在 1941 年至 1945 年的軍工生產期間，杜邦公司獲得了 7.41 億美元的營業利潤，是第一次世界大戰時曾使杜邦家族獲得「死亡販子」稱號數字的 3 倍。

1943 年，杜邦公司盤進了製造 X 光和螢光鏡的帕特森螢幕公司，並開始買進最大的軍工承包商之一的波音公司的股份。1944 年，艾爾弗雷德·杜邦家族在佛羅里達州增加了其第 15 家銀行──美國國家銀行，使其總財力上升到 2.59 億美元。在北美航空公司，杜邦家族獲得了驚人的利潤：該公司營業利潤從 1940 年的 0.1 美元上升到 1944 年的 0.87 億美元。這段時期政府付給杜邦的價格高得不能再高了。從 1941 年到 1945 年的軍火生產期間，杜邦公司總共獲得了 7.41 億美元的營業利潤。

兼併與收購是資本經營家實現企業膨脹的絕妙方法。正是透過兼併與收購化工企業，杜邦實現了從軍火大王向化工帝國的轉變。這個轉變，使杜邦在和平時代的今天，仍然屹立於世界企業之林。

第一次世界大戰爆發的時候，杜邦的總裁皮埃爾邁出了極有遠見的一步，他沒有把堆積如山的財富儲蓄起來，或是用來進一步擴大軍火的生產，以便從戰爭中撈取更多的油水，而是果斷地在戰爭期間買下了幾家化學行業的工廠，決定讓公司在戰爭結束以前便具有多樣化的生產能力。

1915 年，他買下了製造真漆、火棉塑膠、搪瓷的阿林頓公司；1916 年他買下了製造橡膠塗層織品的費爾菲德橡膠公司；1917 年又買下了製造染料、油漆、清漆和重化學產品的哈里森兄弟公司；到戰爭結束時，他又盤進了另外五家化學公司。在此基礎上，皮埃爾率領著杜邦家族在開創世界上史無前例的最龐大的化學工業帝國的道路上勇往直前。

收購了這幾家化學工廠後，為了保護這些新獲得的顏料和清漆市場，同時也為了替苯和甲苯——杜邦經營的三硝基甲苯（TNT）、三硝二甲苯（TNX）和苦酸等工業的基本成分開闢一個新市場，杜邦又邁出了新的一步：奪取合成染料工業。

染料工業技術最先進的在德國，1918 年，美國國會透過了對敵貿易法案，聯邦政府沒收了在美國的全部德國資產。杜邦抓住這有利的混亂時機，將有關染料工業的德國專利品弄到手中。然而，杜邦公司仍缺乏染料製造最重要的實際技術。沒有德國的經驗，大多數新到手的專利品是無法弄懂的。杜邦決定直接和德國人打交道，以解決這個問題。

要想獲得染料製造的實際技術，關鍵之一是賄賂德國科學家，把他們請到杜邦帝國。最後，在 1921 年 2 月，德國當局發出了對 4 個傑出的

杜邦

德國染料工業科學家的逮捕狀。不過其中的兩位不久便失蹤了：幾個月後，杜邦公司便生產出了美國最先進的合成染料。

到1922年底，杜邦家族在染料和有關化學工業中投資已達4,000萬美元，他們把商業和設備的投資總額中60%撥給化學工業。這時，杜邦家族擁有德國的專利和科學家，又有關稅壁壘抵禦外國競爭，因而成為美國頭號染料製造商。

杜邦公司迫切地需要進一步擴大它所涉及的領域，杜邦帝國也急需繼續壯大自己的實力。於是，美國通用汽車公司成了杜邦瞄準的下一個目標。

底特律的「小巨人」威廉・克拉波・杜蘭特（William Crapo Durant）的創造力和幹勁是一般人所無法匹敵的。1908年，杜蘭特組織了他一生中最心愛的企業——美國通用汽車公司（控股公司）。兩年之內，杜蘭特帶著他的公司的1,200萬美元資本，在密西根州趾高氣揚，以迅雷不及掩耳之勢吞併了一大批財運不濟的弱小競爭者：凱迪拉克汽車公司、奧茲摩比汽車公司、奧克蘭汽車公司、諾思韋汽車公司以及其他15個企業。要不是與他有來往的那些銀行家疑慮重重，優柔寡斷，他還會買下當時首屈一指的汽車製造廠——亨利和福特汽車公司。

然而，杜蘭特的周圍資本也被這樣大的擴張耗盡了。隨著1910年經濟衰退時期銷路減少，他被迫在那年把股份控制權在5年合約期內轉讓給波士頓和紐約的銀行家，以換取急需的155萬美元貸款。

到了1914年，皮埃爾・杜邦手下那個瘦小而精明的祕書約翰・J・拉斯科布深信：由於臨近的世界大戰將帶來繁榮，通用汽車公司的盈利在1年之內將增加一倍。因此就在那一年，他買了500股通用汽車公司普通股，每股70美元。皮埃爾也從通用汽車公司6,500股總額中買了

2,000 股，每股 82 美元。事實證明拉斯科布看準了，通用汽車公司股價在 1915 年夏季漲到每股 200 美元，9 月間竟高達 350 美元。

皮埃爾的一個做生意的朋友，路易斯·考夫曼，顯然對此有所耳聞。考夫曼是紐約查塔姆與菲尼克斯銀行總經理。有一次他曾邀請皮埃爾加入該行的董事會。但更重要的是，考夫曼也是通用汽車公司的董事，而且是杜蘭特的夥伴，杜蘭特向銀行家攤牌的時候已臨近，他已經找不到比杜邦家族更強而有力的夥伴了，也許他能利用一下杜邦家族吧。於是他發出了請柬，邀請皮埃爾於 1915 年 9 月 16 日在紐約參加通用汽車公司董事會會議。

此時的皮埃爾正在密切地注視著通用汽車公司，他在等待著最有利的機會的到來。接到通用汽車公司的請柬，皮埃爾長嘆一口氣：杜邦拓展業務的機會又來了。他馬上答應了杜蘭特：我一定來。

皮埃爾和拉斯科布一到會就迅速控制了局面。通用汽車公司和雪佛蘭汽車公司賺足了錢，使杜蘭特能償還銀行家的貸款，但是要取得控制公司的權力卻是另一回事了。在新董事會的組成問題上，杜蘭特和銀行家各持己見，相持不下。由於皮埃爾控制了 3,000 股左右，已成為最大的少數股份持有人，因此雙方立刻勾心鬥角地去拉攏他。

然而杜邦豈是受人誘惑拉攏的人，皮埃爾不顧一切勸誘而嚴守中立。這是非常精明的作法，扮演和事佬的角色很快就使他獲得了大企業史上的一次重大勝利。皮埃爾被聘任通用汽車公司董事長，充當一位中立的仲裁人。他還被要求另外物色三個助手，作為兩個敵對陣營之間的中立派董事。皮埃爾不卑不亢地眨眨藍眼睛，接受了要求，提名拉斯科布、杜邦公司副總經理哈斯克爾和他的表弟兼妹夫亨利·貝林 3 人作為這個「董事長」的助手。杜邦公司的腳已經伸進了通用汽車公司的大門。

杜邦

　　杜蘭特當然想重新取得他親手創辦的公司的控制權。但是他在11月12日董事會會議上說出這個願望時，得到的卻是杜邦家族表現出來的冰冷沉默。為了奪回自己的公司，杜蘭特不得不另覓盟友，他利用另一家辛迪加（syndicat）出面，以出售雪佛蘭汽車公司股票所得，買下通用汽車公司的大宗控制股票，從而達到了他的目的，但是好景不長。

　　戰爭使杜邦家族發了橫財，卻帶給杜蘭特災難。通用汽車公司的股票突然暴跌到新的低點。投機商由於戰時供應削減和汽車需求降低的威脅而惶惶不安，他們拋售了數以千計的通用汽車公司股票，使股票價值降到75美元。在拉斯科布的極力慫恿下，杜蘭特愚蠢地開始購買所有能到手的拋售出來的股票，藉以維持其價格，這不過是徒勞無益。最後，杜蘭特又不得不向杜邦求援，希望得到更多的資本。正是在這個時刻，杜邦採取了決定性的步驟。

　　拉斯科布在1917年12月19日向杜邦總裁皮埃爾解釋：「我們在通用汽車公司的股權，無疑將使我們獲得整個人造革行業、塑膠行業和油漆業，這些公司具有重大價值，本人相信杜邦最終將徹底控制和支配整個通用汽車公司。」兩天後，杜邦批准購買價值2,500萬元的通用汽車公司股票。

　　皮埃爾的第一步，是在通用汽車公司確立一套符合自己要求的管理方式。他以杜邦公司為模式，建立一個現代化的、高度集中的大企業機構，設有一個由他本人、拉斯科布（主持人）、皮埃爾的兄弟伊雷內、他的表弟亨利·貝林等人控制的財務委員會。當然，杜蘭特名義上也是委員，但他完全明白自己所處的地位。其他的勢力範圍是在執行委員會，在那裡，他管轄來自各個主要經理部門的其他代表。

　　但是，並非只有杜蘭特7個人留在通用汽車公司擔任總經理，哈

斯克爾也在那裡主持事務，並向皮埃爾彙報。1917年至1919年間，杜邦公司又購買了價值2,400萬美元的通用汽車公司股份。短短兩年內，杜邦家族便在通用汽車公司總共投入了4,900萬美元，占有股份總額的23%，這是一個占優勢的地位。

杜邦對財政的控制很快就摧毀了杜蘭特還掌握著的經營控制權。1919年底，雪佛蘭公司被吞併，因而通用汽車公司的資本增至10億美元以上，由於此時的杜邦公司承受的戰時負擔已減輕，皮埃爾和拉斯科布放棄了他們在杜邦公司的投資。這個步驟馬上見效，其中包括由杜邦公司工程承擔價值6,000萬美元的廠房設計和建築業務。同時為了支付所有這些擴展所需的費用，皮埃爾聘請了兩位老朋友參加通用汽車公司董事會，作為提供資本的來源。他們是杜邦公司在英國的火藥工業夥伴諾貝爾和摩根。這就進一步削弱了杜蘭特的控制地位。但是在1920年戰後衰退期間，正是這個龐大的發展計畫最終使通用汽車公司反受其害——而杜蘭特成了犧牲品。

那一年，商人們大批退貨，通用汽車公司的機器很快就閒置起來，價值8,490萬美元的滯銷貨把生產卡住了。這是生產過剩和政府壓縮戰時開支形成直接矛盾的典型事例。通用汽車公司股票失去了吸引力，投機商由於缺乏進行其他投資所需要的流動資本，賣掉了該公司的股票。僅在7月的某一天，10萬張通用汽車公司股票驟然被拋到市場上。於是崩盤開始了，通用汽車公司股票的價格暴跌到每股20.5美元。

杜蘭特幾近絕境，於是他決定鋌而走險，故伎重演，把別人丟擲的通用汽車公司股票通通吃進。他很快就被淹沒在拋售股票的洪流之中——每股進一步跌到12美元。杜蘭特發覺資金耗盡，於是更加孤注一擲：著手用自己名下的通用汽車公司股票抵押貸款。這是一個愚蠢的

杜邦

做法,並且是致命的。

當市場在 11 月 18 日收盤的時候,杜蘭特知道在第二天早上開盤之前急需 94 萬美元,沒有這筆錢,他就不能滿足債主提出的另加副保的要求,這樣他就會破產。因此他走了最後一步棋:打電話給摩根公司,要求他按照每股 12 美元的價格,購買他持有的 110 萬股通用汽車公司股票。然後他通知了皮埃爾和拉斯科布。

皮埃爾知道杜蘭特就要垮台了,他與摩根公司合夥人碰面,然後他們一起和杜蘭特會面,皮埃爾心裡知道,整個證券市場的局勢發展可危,如果杜蘭特突然違約,不肯償還經紀人貸款,他們就可能被迫關門,以致引起一場金融總崩潰,所以他立即擬訂一份計畫,只要杜蘭特出讓他的控制權,並辭去總經理的職務,他會得到幫助而擺脫困境。然後,他們向杜蘭特下了最後通牒:他們將按照每股 9.5 美元,這個遠遠低於市價的價格,購買他的價值 2,700 萬美元的股票。杜蘭特除了屈服別無選擇,因為他已經破產了。

兩星期後,1920 年 12 月 1 日,皮埃爾·杜邦就任通用汽車公司總經理,一身兼有最高行政職務和董事長職務,當時他只說了一句雙關妙語:他充當了「我們自己的破產案產業管理人」。通用汽車公司就這樣被杜邦集團兼併了。

命運似乎格外照顧杜邦家族,而且他們的每次成功似乎都有著某種必然性。然而,拿杜邦家的話來說:「一蹴而就的那種機會是很少的。大多數情況下,需要我們自己去把握,而一旦把握住了機遇的最佳時刻和決策的最佳點,成功便朝你走來了。」事實也正是如此,如果杜邦沒有瞄準最佳時機就去購買通用汽車公司的股票,也許能因為其財力雄厚而無損或獲利,但是那樣就不可能將整個通用汽車公司掌握到手中。

至於對通用汽車公司的兼併，杜邦家自有他們的說法：「商業上弱肉強食的競爭是難免的，也是十分激烈的。正如杜蘭特吞併了奧克蘭汽車公司一樣，我們如法炮製地將通用汽車公司納入杜邦的旗下。一個真正有遠見或抱負的企業家，是不能在競爭中用感情來處理問題的。我們除了毫不猶豫地將競爭對手打翻在地外，沒有比這更好的決定了，若不這樣的話，你很快就會後悔，因為競爭對手的拳頭已經砸到你的臉上。」正是在這種殘酷的競爭中毫不手軟的表現，才有了杜邦競技商場上的輝煌歷程。

建立全球企業

　　1949 年，美國政府介入了經濟協調，決定在大企業財團中保持一些平衡，同時防止國內最大的汽車公司——通用汽車公司完全被杜邦家族所壟斷。在這種形勢下，司法部長湯姆・克拉克（Thomas Clark）代表政府向芝加哥地區法院提出反托拉斯訴訟案，以分散「美國唯一最大的集權」，被告共 100 多名，其中包括杜邦家族的克里斯蒂安那證券公司在通用汽車公司 5.6 億美元的投資。政府指控公司一手操縱通用汽車公司中高級職員、董事以及政策的選擇權，把持了分發紅利的委員會等等，作為違反謝爾曼——克萊頓反托拉斯法的證據。訴訟要求取消杜邦公司和通用汽車公司之間的一切合約，出售杜邦公司在美國橡膠公司、通用汽車公司和動力化學品公司所擁有的全部股票。

　　起訴人克拉克原來是杜邦公司院外活動集團成員，現任司法部長。他的做法使杜邦公司懷疑是受到了摩根財團的指使，同時也不排除杜魯門（Truman）總統想在大企業界找個替罪羊以討好勞工的安排。後來，

杜邦

因朝鮮戰爭和氫彈合約，政府的進攻告一段落，但是並沒有結束。1952年，政府對186名杜邦家族成員提出集體起訴：「本案記錄證據表明，老一輩杜邦家族成員和他們的被告代表一貫奉行的政策是，在生前把一大部分股權分配給家族中的未成年人，一般是透過設立股份信託公司的辦法。」

1953年2月，原杜邦公司第六任總裁、83歲的皮埃爾·杜邦出庭作證，儘管有大量不利於他的證據，皮埃爾還是堅決否認了政府對他的指控。他說潛在市場「我與個人對購買通用汽車公司股份的意見，或者我所投的贊成票都毫不相干」。他把政府指控他非法建立50億美元的大工業帝國說成是「無中生有」。

與此同時，杜邦公司總裁格林華特將反攻的重任交給了兩名高級職員，即哈羅德·布雷曼及其助手格倫·佩里，這兩個人都是新聞界出身的宣傳、公關好手。他們利用報社為公司服務，抓住對杜邦公司感興趣和有利害關係的人做宣傳對象，大造輿論，強調資本和資源的高度集中比復舊派主張的自由放任的分散經濟優越。布雷曼的宣傳功勢的確收到了預計的效果。

還有一方面的反攻是暗中進行的。杜邦公司拿出鉅款上下打點，買通了很多法官和政府要員。正如有人指出的那樣：100萬美元足夠買到法官們的信任了。這種雙管齊下的努力使杜邦家族終於打贏了反托拉斯一案的官司。第一步，政府放棄了對整個杜邦家族的攻擊，只把指控局限在7個人身上。第二步，1954年12月，法官華特·拉比伊作出裁決，認為政府並沒有當初家族買進通用汽車公司股份時懷有壟斷企圖的充分證據，那只不過是歷史上的意外事件而已。聽到這個裁決，杜邦公司總裁格林華特只講了一句話——「我們相信結果會是這樣的。」

在第二次世界大戰後，美國化學工業向國外發展的激烈競爭中，杜邦公司在出口方面居領先地位，而在國外投資設廠方面卻處於落後狀態。日漸增加的捐稅和通貨膨脹，使公司從國內工廠投資中獲得 10% 的傳統利潤越來越困難了。這種局面迫使它轉向國外發展。1957 年，杜邦公司在荷蘭建立了獨資經營的第一家國外子公司。並在愛爾蘭的德里開始建設一家價值 3,000 萬美元的氯丁橡膠工廠。杜邦家族期待由於共同市場內部沒有關稅壁壘而能賺錢。

另外，新的杜邦公司已經採取有效的海外經營方式，也就是將側重點放在利潤更高的直接出口產品方面。這種出口營業額在 1953 年到 1957 年間從 1 億美元上升到 1.46 億美元。1958 年，為了適應向海外擴展的需要，杜邦公司成立了國際部，公司第九任總裁華特·卡彭特的兒子華特·薩姆·卡彭特被任命為該部總經理。國際部下設拉丁美洲科、歐洲科、發展科和國際貿易科，其工作範圍廣泛，業務細緻。

1959 年，杜邦財團在委內瑞拉有了一家油漆工廠。在巴西和阿根廷有了製造氟利昂冰箱的工廠，在古巴有了一家造漆工廠，在比利時、荷蘭、瑞士、加拿大、墨西哥建立了一批化學工廠和公司。到 60 年代初，杜邦財團每年從國外工廠收回利潤的上升百分比，已高於自己能夠增長的海外出口。在 13 個國家的 35 家工廠中，有 1.6 萬外國工人受杜邦財團的剝削。

「一個企業必須有一個進取的銷售組織，它能配合世界市場的需要，並在新產品一上市時，立即在國內國外同時採取行動，這是我們為杜邦公司制定的經營路線。」這就是拉摩特·杜邦·科普蘭在 1963 年出任杜邦公司第 11 任總裁時所說的話。

當杜邦家族以「軍火大王」的身分立於美國之時，它是不必花太大氣

杜邦

力去拓展國外市場的，由於杜邦產品太獨特——軍火，再加上歷史創造的條件：兩次世界大戰使杜邦家族不費吹灰之力，便從歐洲各交戰國手中撈回了數以億計的財富。那時，發展海外事業對於杜邦來說，就像在德拉瓦州做生意一樣。

1970年，杜邦公司的海外事業邁出了重要的一步：杜邦遠東有限公司創立了。同時，香港、曼谷、臺北和東京都設立了分公司。在臺灣，工人薪資極其微薄，杜邦也設立了臺灣有限公司，它的一個工廠在忙碌地生產著聚酯纖維膜。在日本，它早已買下了三井化學公司兩個子公司的50%股權。並在昭和尼奧普林橡膠株式會社和東京物產公司也各獲得50%股權。此外，杜邦財團正在擴展它在澳洲的市場，那裡的一家子公司正在製造和銷售顏料、照相器材和尿素除草劑。這一年，杜邦公司產品的銷售總額創造了31.9億萬美元的新紀錄。

至此，杜邦財團已經在17個國家和地區建立了自己的子公司和企業，在8個國家的首都或大城市建立了海外銷售辦事處，一個杜邦全球企業的藍圖已經變成現實。

重塑慈善形象

商界有句名言：商德就是財富，良好的企業形象就是企業的無形資本、無價之寶。杜邦家庭為了樹立其良好的企業形象，真可謂嘔心瀝血。

1970年9月一個暖和的秋天，一隊送葬者默默無聲地穿過已故艾爾弗雷德‧杜邦在德拉瓦州修剪整齊的尼莫爾莊園草地，緩慢地走出隱約可見的高大石砌鐘樓。

重塑慈善形象

鐘樓下安放著艾爾弗雷德的遺體，50多年前，他在與皮埃爾‧杜邦的競爭中，把杜邦家族弄得四分五裂。艾爾弗雷德——杜邦家史上最大的「背叛者」，於1935年就在佛羅里達去世了。現在，他的親屬和朋友又把他的第三任，也是最後一任妻子杰西的遺體安葬在他身旁。

正當杰西‧鮑爾‧杜邦（Jessie Ball Dupont）在德拉瓦被安葬在她丈夫的鄰穴時，成千上萬人也聚集在南邊千里以外的佛羅里達州舉行哀悼。在佛羅里達州最繁忙的傑克遜維爾港，下了半旗為這位杜邦家庭的女王致哀，佛羅里達州不僅失去了擁有億萬財產的首富，而且也失去了該州的最主要的慈善家。

1936年9月，杰西建立了杜邦財團從事慈善事業的機構尼莫爾基金。1937年3月，全國主要醫院管理人中的8人在文平森林莊園會晤商定了艾爾弗雷德‧杜邦殘廢兒童醫療研究的指導方針。兩年後，一所3層樓的醫院，在離威爾明頓不遠的尼莫示莊園中的22英畝空地上破土動工了，從此該院馳名於世界。到1963年為止，這所醫院為殘廢兒童免費治療各種病例達50萬人次。

辦這所醫院是杰西的主要活動。這個活動與她把5,500萬美元贈給學院、大學以及像斯特羅姆、瑟蒙德基金會一樣，都表明了杜邦財團慈善的一面。

對於各種慈善事業的資助，杜邦家族是頗為講究的。他們不得不如此。19世紀以來，他們在100多年裡累積了鉅額的家族財富，也積起了一連串的罵名。有人說杜邦可能是美國人最痛恨的名字。戰爭帶給人類巨大的災難，卻帶給杜邦數不清的財富。

一個企業沒有一個良好的形象，很難想像它能繼續發展下去。尤其像杜邦這樣的與「鼓勵暴力死亡」相連結的企業，如果不重新塑造自己的

杜邦

形象，即使它改頭換面建立杜邦工業帝國，它也很難在用良心與金錢交合的世間找到自己的位置。

杜邦家族的臭名昭彰可從下面這個真實的故事中，略見一斑。有一次，小伊雷內‧杜邦在紐約讓一個水手和他的女友搭他的車子。「請問你叫什麼名字？」水手下車時友善地問道。

「杜邦。」伊雷內微笑地回答。

水手馬上沉下了臉：「是德拉瓦的杜邦嗎？」

伊雷內點了點頭。「早知如此。」

水手憤慨地說：「我無論如何也不會搭你的車。」

小伊雷內‧杜邦的慷慨卻招來了敵意和輕視，然而他無話可說，他心裡明白這究竟為什麼。

為了重新塑造杜邦的良好形象，杜邦家族採用了他們所能想到的一切辦法。布雷曼‧杜邦一上任就改變了一貫態度，設法利用各種報社為公司利益服務。這次政策的改變來源於他「分類」的宣傳思想，這個術語是他多年來思考公司形象設計的結果。

根據這個思想，杜邦的宣傳對象主要有三種：一是僱員、顧客、股東、供應廠商、企業協會、工廠所在的城鎮；二是作家、新聞廣播電視工作人員、大學知識分子；三是政府官員。以上這些人員或多或少都對杜邦有所了解，再集中在他們身上大做宣傳，那麼根據布雷曼的猜想，由杜邦公司通常廣泛釋出的消息所引起的「公眾」效應的微波就會變成巨浪。

1952年，當政府指控杜邦家族中的一些父母唆使其子女透過信託基金策劃控股公司時，布雷曼抓住這個機會，刊出一張阿莉塔‧杜邦和布

雷曼坐在圍欄裡的照片，並加標題——〈年齡 8 個月的冷酷無情同謀犯〉。這張照片使政府的指控顯得荒誕無稽，幾乎全國所有的報紙都刊登了這幅照片。一個月後，布雷曼向杜邦公司資方彙報：「看來，可以說這張照片已經刊登了 1,200 多家美國報紙上了⋯⋯在收到的 376 份剪報中，只有兩份除外，其餘有利於杜邦。」

杜邦公司的無線電和電視試播節目「美國紀實」也慷慨的回報杜邦。多年來，透過亞瑟・米勒（Arthur Miller）、史蒂芬・文森特・貝尼特（Stephen Vincent Benet）這類優秀作家所寫的獲獎喜劇的渲染，杜邦公司的形象已經有了變化。1937 年，心理研究公司曾經向杜邦家族彙報過調查情況。在受到詢問的 1 萬名對象中，對杜邦公司抱有好感的僅占 6%，而占 80% 以上的人對於軍火製造商杜邦並不懷有興趣。經過 20 多年的精心設計，死亡販賣商的形象明顯已經被淡忘，代之而起的是笑容可掬的化學家、工業家。1958 年，心理研究公司發現，調查對象中有 79% 讚許杜邦公司，而漠不關心的人不到 3%。杜邦家族心滿意足，就在那一年，他們結束了每年一度的心理調查。

皮埃爾還在杜邦家族開創了一個良好的傳統，積極向教育界捐款，杜邦家族成立了專門的家族基金會，向美國經濟特權階層的教育事業提供捐款。

僅在 1966 年一年內，小伊雷內・杜邦就向賓夕法尼亞州的公立學校捐贈了 50 萬美元，向布林・馬爾學校捐贈了 30 萬美元，向德拉瓦的航空學院捐贈了 9.4 萬美元。在德拉瓦，杜邦家族也向德拉瓦工學院捐款。當然，杜邦的人向學校捐款的目的只有一個，那就是在孩子們的心裡，從小就形成杜邦是友善的意識。

杜邦

巴菲特

巴菲特

嶄露頭角

試問當今天下，誰擁有的個人財富能與比爾蓋茲（Bill Gates）爭鋒，誰又能獨掌公司總裁職位長達 28 年，那麼答案當然是華倫・巴菲特（Warren Buffett）。

從上個世紀，1930 年代開始，席捲資本主義社會的世界性經濟危機爆發了，華爾街在這場金融風暴的橫掃下蕭條冷清。但是災難之中也有福音，1930 年 8 月 30 日，在美國中部內布拉斯加州的奧馬哈鎮，當地一位名叫霍華德的股票經紀人家中，誕生了 20 世紀一位偉大的投資天才華倫・巴菲特。

對於取得輝煌成就的成功人士來說，他們的天才往往可以追溯到童年及孩提時代，那是他們童蒙初開的早慧歲月，對於有些人來說，甚至是人生座標就此定位的初始時期，華倫・巴菲特與股票的結緣，也許從咿呀學語時就開始了。

華倫・巴菲特的父親霍華德・巴菲特（Howard Buffett）是一位股票經紀人，家中關於股票的藏書甚豐，這使小巴菲特從小就感受股票投資的氛圍，他對於數字的特殊的興趣和悟性與此顯然不無關係。當他 8 歲時，就已經開始著迷於閱讀這些書籍了。巴菲特的祖父及父親的青年時代都是經營雜貨店的，而巴菲特小小年齡就在祖父店中幫忙，耳濡目染的「生意經」，使商品意識過早地深入他幼小的心靈，並使他懂得了低進高出、賺取差價這個商品流通中鐵的定律。

從 8 歲開始，巴菲特就開始學著做生意了，他從家中的雜貨舖裡買來可口可樂，然後加價五美分賣給他的小夥伴，1 年多下來，巴菲特已成為當地孩子們中頗有名氣的「小老闆」了。11 歲時，他到父親擔任經紀

人的哈里斯·厄普漢姆公司做股價板的記錄。這使他對低進高出有了更深一層的理解，他的興趣也由小生意轉向了股票。

1943 年，霍華德升為國會議員，遷居華盛頓。雖然家中生活優裕，但是巴菲特這時已由做小生意轉而對自創事業感興趣。他先是替《華盛頓郵報》(*The Washington Post*)、《時代前鋒報》送報。有意思的是後來華倫·巴菲特成了《華盛頓郵報》的大股東，以至有人懷疑是不是從少年時送報開始，就為他以後入主《華盛頓郵報》埋下伏筆了。

也是在這時，鋒芒初露的巴菲特開始小試牛刀，他用自己做生意的積蓄開始他的第一次實業投資，他用 50 美元購買了兩臺半新的小鋼珠機臺，借一家理髮廳的空地方擺放做生意，後來又陸續購進了 5 臺、7 臺小鋼珠機臺，每月可以為他賺得 200 美元的收入。嘗到了投資甜頭的巴菲特後來又與中學的一位朋友在一起，花了 350 美元，購買一輛舊的勞斯萊斯車，然後以每日 35 美元租金出租，這使他在 16 歲中學畢業時，已賺得了 6,000 美元。

從華倫·巴菲特孩提時賺 5 美分一罐可口可樂，到出租舊車累積起第一筆資金起，我們可以看到隨著年齡增長和知識的增加，他的投資實踐也在一步步前進的軌跡。儘管他還稚嫩，但是作為投資天才的潛質已經顯現，因為到他累積第一筆 6,000 美元資金時，他還僅只 16 歲，一個在人們眼中還不諳世事的中學畢業生而已。

少年巴菲特度過了平靜、溫和與相對舒適、優裕的少年時代。如果說，一個人一生性格養成的初始階段，是帶著他兒童到少年時代的家庭與社會的深深烙印的話，那麼，巴菲特被人們公認的良好性格是溫和與仁慈，這無疑與他奧馬哈故鄉那個溫暖、幸福、和睦的家庭環境有關。小巴菲特從啟蒙時代就接受的商品流通、中低進高出賺取差價的法則，

巴菲特

從他兒時到少年時代便不斷從實踐中得到證明，這對他的商業意識和堅韌不拔的投資風格形成是具有深遠影響的。

稱霸華爾街

1956年，華倫・巴菲特辭別老師班傑明・葛拉漢（Benjamin Graham），回到家鄉奧馬哈鎮。奧馬哈對於巴菲特來說，是一個朝思暮想的地方，似乎到了這裡，才能使巴菲特有充分的用武之地。後來巴菲特曾深情地說：「我認為奧馬哈是一處更能使人心智健全的所在。我過去常常覺得，當我返回紐約去工作時，那兒太多的刺激會使我終日心神不寧。只要你擁有常規量的腎上腺素，你就會對這些刺激產生不適。這樣過一段時間可能導致瘋狂的行為，想到這一點是很自然的。」

此時的巴菲特，已非當年隻身來投師求學時的一介書生了。而是潛心研究了葛拉漢與菲利普・費雪（Philip A. Fisher）的投資理論與策略，並吸收了世界各國投資成功人士的經驗。他在葛拉漢的指導下，於葛拉漢──紐曼公司經歷了投資實習，從理論到實踐，他已得到了完整的訓練，且有一個很高的起點，是號稱「華爾街教父」的投資大師葛拉漢和著名的「葡萄藤」網路投資理論創始人費雪的高足子弟。

此刻的巴菲特重返奧馬哈，應當是學成歸來，是隻振翅欲飛、羽毛豐滿的雛鷹，等待牠的將是任由牠翱翔的廣闊天空。

回到奧馬哈後，在親朋好友的支持下，巴菲特開始擁有了真正屬於自己的公司──有限責任合夥投資事業。投資夥伴有7人，共有資金10.5萬美元，而巴菲特自己則從100美元起家。按他訂立的章程，其他有限合夥人，每年收回他們投資的6%，以及超過固定利潤以上總利潤的

75%。巴菲特的酬勞是另外的 25%。巴菲特向他的合夥人保證：「我們的投資將以實質價值，而不是熱門股作為投資的選擇基礎，將會嘗試減低長期的資本損失。」

對於初入股市的巴菲特，他的父親霍華德以資深的股票經驗向他建議，買入股票要三思而行，當時道瓊工業平均指數約在 200 點左右，他父親認為這顯然太高了。但是巴菲特秉承葛拉漢的投資理念，他開始用合夥人的資金進行投資，而且能很快地抓住投資機會，他不僅只買下冷門股，也盡量保持了對許多公營企業及私人企業的興趣。

巴菲特步入股市的第一步表明，他可以不被市場情緒所左右，他能分清楚購買股票的投資行為與預測市場走勢而下注式的投機行為之間的差異，他沒有被市場情緒所感染，追逐那些已經上漲的熱門股，而如他老師所教導的那樣，從尋找股票的長期投資價值入手，著眼於企業的長期發展，而不在乎每日的市場行情。他理智地知道，短期之內股票價格的波動是受市場情緒的影響，但是這種波動總是圍繞著企業的市場價值而上下的。對股票市場的非理性表現有了足夠的認知之後，巴菲特就能坦然對待市場中所發生的一切。

巴菲特的理性投資還表現在他不受他人所左右，包括富有經驗的資深股票投資經紀人——他的父親在內。巴菲特不相信市場預測，他認為人們無法預知短期內股價的變動，也不相信有誰能可以做到這一點，他說：「股市預測專家存在的唯一價值，是使算命先生有面子而已。」

巴菲特的有限合夥投資事業以其獨特的眼光，選擇具有長期投資價值的企業進行投資，1961 年他買下了名叫丹普斯特米爾製造公司的一家生產農業設備的公司。1962 年他著手購入波克夏‧海瑟威紡織公司的股票，其時，這家公司正陷於艱難執行的困境之中，而正是大多數投資者

對這類企業嗤之以鼻時，他看準了波克夏・海瑟威的潛力及發展前景，毅然購入該公司的股票。

此時的巴菲特在投資圈內已經有了一些知名度，有很多人慕名要求巴菲特幫助管理其財務。由於合夥關係的擴大，1962 年，巴菲特決定重組合夥關係，成立一個新的合夥企業。同年，他決定把合夥企業營業處搬遷至奧馬哈的威特廣場，至今該營業處仍然存在。到 1965 年，巴菲特合夥企業的資產已達 2,500 萬美元，從 1956 年至 1969 年的 13 年間，這個合夥企業以每年 29.5% 的複利增長著，而這期間，道瓊工業指數有 5 年是下跌的。1956 年巴菲特投資 100 美元於合夥企業，至 1969 年，他已擁有了 2,500 萬美元。

巴菲特最早投資的企業就是波克夏棉花製造公司。這家公司成立於 1889 年，至 1929 年時，波克夏與其他紡織工廠合併，成為英國最大的工業公司之一。其生產的棉花占英國所需的 25%，並消耗掉新英格蘭發電量的 □%。至 1955 年，波克夏棉花製造公司和海瑟威製造公司合併後，改名為波克夏・海瑟威公司。可是由於當時持續低迷，使合併後的波克夏・海瑟威公司的日子並不好過，至 1965 年時，該公司股東權益已經滑落了一半，營運損失已超過了 1,000 萬美元。

就是這樣一家陷入困境的公司，被華倫・巴菲特和他的投資合夥企業看中，他從 1962 年開始購入這家公司的股票，於 1965 年購買下了波克夏・海瑟威公司，取得了這家公司的控制權。

但是波克夏・海瑟威公司的投資對於巴菲特說來並不是最理想的，因為在其後的 20 年間，雖巴菲特想重振英格蘭的紡織業，結果卻令人失望，股東權益報酬率勉強達到兩位數。

這是一項失敗的投資，也是巴菲特投資經驗中的寶貴累積。至 1970

年末，波克夏‧海瑟威的股東們開始質疑該項投資是否明智，而巴菲特正視這個問題，並不隱瞞經營上的困境。他當時還相信紡織企業仍有一些利潤可圖，他希望那些紡織部門，在適當的資本支出上賺取利潤。用他的話來說：「我不會因為只是為了要讓我們公司的獲利率增加一丁點，而去關掉一個利潤低於正常的企業。」

但是，巴菲特利用波克夏‧海瑟威公司投資早年累積的資金，於1967年，以總價860萬美元購買了奧馬哈的兩家績優保險公司的股權，即國家償金公司和全國火水保險公司。保險公司由於保戶支付保費，提供了經常性的流動現金，而且由於理賠時間的不確定性，保險公司在投資時傾向於變現能力較高的股票和債券，這就為巴菲特日後投資取得了良好的資金來源。

巴菲特購進這兩家公司時，擁有價值2,470萬美元的債券和720萬美元的股票投資組合。至1969年，僅經過兩年，巴菲特使這兩家保險公司債券和股票總值達4,200萬美元。由於此舉的成功，彌補了巴菲特在波克夏‧海瑟威公司投資遭受的挫折。

巴菲特的老師葛拉漢曾擔任華盛頓市政府公務員保險公司的主席，早在巴菲特在哥倫比亞大學讀書的時候，他就從葛拉漢那裡學習到很多書上沒有的保險公司知識，並結識了保險公司的財務總裁，了解了保險業務的各種運作情況，這對巴菲特來說，無疑是筆寶貴的財富。從1960年代後期開始，巴菲特在經營保險業上大顯身手，繼國家償金公司和全國火水保險公司之後，於1970年代又買下了3家保險公司，並購併了5家保險公司，這10家保險公司使波克夏‧海瑟威公司實際上已由紡織業進軍保險業了，幾乎成了一個頗具規模的保險托拉斯，這也是巴菲特在投資的道路上嘗試的第一次成功的轉型。

波克夏·海瑟威公司的投資前後長達20餘年，對於巴菲特來說，教訓是極為深刻的，在1989年該公司的年度報告裡，他列出一個名為「前25年的錯誤」的報告，如實記錄他曾犯下的錯誤，兩年之後，他又列出了「每日錯誤」，其中，巴菲特不僅只承認錯誤，同時也列出因他未能及時採取行動所喪失的機會。巴菲特認為，開誠布公地承認錯誤，至少能帶給管理者與股東相同的好處，他說：「誤導他人的主管，最後也將誤導自己。」

波克夏·海瑟威公司投資遇到的挫折，使巴菲特領悟到一些事情：首先，紡織品的特性使企業不可能獲得高利潤，因為這種屬於日用品的消費品，是很難與競爭者之間有很大差異的，而且來自於外國的企業，其低廉的勞動力將更具有競爭優勢，從而使波克夏·海瑟威公司的利潤不得不降到最低限度。而且紡織工業的設備更新需要大量的資金投入，使利潤增加更困難，如果再遇上通貨膨脹，情況將會更糟。這使巴菲特不斷陷入兩難選擇的境地，一方面，如果不斷投入資金，就會處在一個不斷擴張資本的基礎上，取得的將是極小的利潤。另一方面，如果停止投資，波克夏·海瑟威紡織廠又將因失去競爭力，陷入更被動的局面。而且不論如何選擇，國際競爭將會因更低廉的勞動力投入而維持其優勢。在舉步維艱中，巴菲特終於在1985年7月著手結束其紡織業投資。

1960年代末到1970年代初，巴菲特的波克夏·海瑟威公司已擁有10家保險公司組成的龐大的保險業集團。雖然一開始，有人對巴菲特從紡織業轉到保險業的作法不以為然，認為他只不過是從一家普通商品公司轉換為另一家普通商品公司而已。從表面來看，保險公司與紡織公司一樣，都是出賣一些沒有很大差異的產品，但是巴菲特憑著對保險業所具備專業知識的淵博和深入研究，以及自己知識和智力的優勢，使巴菲特旗下的保險公司，創造了不可小覷的業績。

商場風雲瞬息萬變，昨天和今天賺錢的事業不等於明天也能賺到錢，更不要說後天以至遙遠。在商場這個特殊的戰場上，誰能察風起於青蘋之末，根據細小的變化及早採取對策，便能取得主動權，也能最終贏得勝利。巴菲特旗下的保險公司從1960年代末起，創造出了連續獲利的良好業績。到了1970年代後期，巴菲特注意到一些他無法立刻加以控制的因素開始影響保險成本，雖然當時消費物價指數每年增加3%，但是醫藥費和汽車修理費卻快速增加了3倍。另外，經法院判決，必須賠償給原告的損害賠償費用也在迅速增加，使保險公司的成本每月增長達1%，除非保險費率上漲，否則收益則會縮減。

　　在商品市場上，常有一些公司為了占有市場份額而寧願賠本經營，這種不惜成本，爭取擴大市場占有率的作法，其希望在於有朝一日保險費率能回升，從而以此抵消起初的虧損，這裡面存在著一廂情願的風險。但是巴菲特卻認為波克夏的保險事業不應發展到變成無利可圖的交易。

　　為此，他採用了兩個方法來突顯波克夏保險公司，一是它的財務力量。當時在產物保險業界裡，波克夏的投資組合淨值僅次於州農公司而占第二位，而波克夏投資組合對保費收入的比率，是這個行業平均值的3倍。二是巴菲特不在意投資承保保額的大小，雖然他希望一直能承保大量的保單，但是價格必須合理，如果價格非常低廉，只要有小額交易，他也就非常滿足了。這種承保哲學是國家償金公司的創辦者傑克‧林華建立，並灌輸到這家公司的企業文化之中的，巴菲特認為這個哲學也是波克夏保險公司的承保原則，並予接受和堅持。

　　事物正沿著巴菲特的初步規劃軌跡發展：一開始，當競爭對手以低於預期成本的價格承保時，有的顧客便離開了波克夏公司，但是當這些保險公司因為發生虧損而退縮並紛紛消失時，波克夏公司卻依然堅持做

一個穩定的保險供應商,於是顧客便又回流回來。由於巴菲特堅持只做價格合理的生意,人們稱他的方法為保險業的「安定劑」。

波克夏‧海瑟威公司在巴菲特的領導下,不僅成功地完成了從紡織業向保險業的轉型,而且透過一系列收購行為,發展成為一家擁有報紙、糖果、家具、珠寶、百科全書出版社、真空吸塵器以及製造與銷售的控股公司。

在對報業的進軍中,首當其衝的是收購《華盛頓郵報》。華盛頓郵報公司是一家綜合性媒體,包括報紙、電視廣播、有線電視系統和雜誌。1973年,華盛頓郵報公司的上市總值為8,000萬美元,而據巴菲特的猜測,認為大多數證券分析師、廣告媒體經紀人和廣告媒體主管,應該會將WPC(華盛頓郵報公司)的實質價值猜測在4億到5億美元之間。因為巴菲特不僅了解報紙股東的盈餘增加率等於通貨膨脹的增長,而且了解報紙特有的、超乎尋常的調價空間。這是因為大多數報紙在社區內屬壟斷企業,它有特定的消費者與消費族群,因此,它價格上揚的速率常可以高過通貨膨脹。即便這樣,巴菲特還是為自己定下一個原則,要在郵報市場價格少於其總實質價值的1/4時買入。不論情況如何,他都將在公司價格大大低於它的實質價格時,才毫不猶豫地買進。這個策略符合老師葛拉漢的教誨:低價買進才會保證有安全邊際。

從1973年到1993年,巴菲特與華盛頓郵報公司的投資數額由1,000萬美元上升到4.4億美元。而華盛頓郵報公司回報給波克夏‧海瑟威公司的則更高。這證明巴菲特認為「一份強勢報紙的經濟實力是無與倫比的,也是世界上最強勢的經濟力量之一」的看法是符合實際的。

當巴菲特購買《華盛頓郵報》的時候,它的股東權益報酬率是15.7%,只略高於斯坦普工業指數的平均股東權益報酬率。但至1978年,

華盛頓郵報公司的股東權益報酬率就增加了一倍，是當時斯坦普工業指數平均股東權益報酬率的兩倍，比一般報社高出約 50%。以後 10 年間，華盛頓郵報公司一直維持著它的領先地位；到 1988 年，它的股東權益報酬率更達到了 36.3%。在 1975 年至 1991 年期間，華盛頓郵報公司賺取的現金，比轉投資於本業所需資金多出許多，面臨將盈餘還給股東還是運用到新的投資機會的選擇時，巴菲特傾向回饋給股東，其做法是大量購入郵報公司的股票，以每股 60 美元的價格，購入了 43% 的股份。1990 年，該公司將每年給股東的股息由 1.84 美元增加到了 4 美元，增加了 117%。這樣無論是賣出該股或繼續持有該股票的投資者，都由此獲得了豐厚的回報。

統計資料顯示，從 1973 年到 1992 年的 20 年不到的時間中，華盛頓郵報公司為它的業主賺了 17.55 億美元，從這些盈餘中撥給股東 2.99 億美元，然後保留 14.56 億美元，轉投資於公司本身。其市值也從當年的 8,000 萬美元，上漲到 27.1 億美元，市值上升了 26.3 億美元。期間為股東保留的每 1 美元盈餘，經轉投資後其市值增值為 168 美元。

1990 年代初，美國國內經濟一片蕭條，其中大西洋區情形尤其更甚，對《水牛城新聞報》（*The Buffalo News*）和《華盛頓郵報》都造成了傷害。而且報紙失去了價格彈性，經濟活動減緩，廣告商也縮減開支，以電視、直接郵購和其他更便宜的廣告方式與顧客接觸，使報紙失去了壟斷地位和廣告媒體上的優勢地位。

巴菲特對此已有認知，他承認：「事實是──報紙、電視以及雜誌的經濟特質，已經開始類似於一般企業，而不再是擁有特許權的特權階級。」報業盈利能力的改變，不僅表示長期、永久的環境改變，也和暫時性景氣循環的變化有關。可見巴菲特雖主張長期投資，但他絕對是注視並不斷研究經濟形勢的本質變化的。

巴菲特

抓住機會購通用

1990年代，巴菲特率領下的波克夏·哈威斯公司大舉收購迅速擴展。在1990年代的收購行動中，不少人對巴菲特收購通用動力公司的股權感到困惑，因為這家公司即不具有巴菲特以往認定的被收購公司所應有的特質，甚至也不具有經營良好的歷史紀錄，那麼巴菲特為何會作出這項投資決策呢？

美國通用動力公司在全美，乃至全世界都是名聲赫赫的企業，它是美國主要的軍事工業基地之一，是美國核潛艇的領導設計者、建造者以及裝甲車輛的製造者，其產品包括美國陸軍的MIA1和MIA2戰車。1990年，它是僅次於麥道公司的美國國防承包者。它為美國提供飛彈系統（戰斧、麻雀、螫針和其他先進的巡航導彈）、防空系統、太空發射器和戰鬥機「F－16」，當年的銷售總額超過100億美元。1993年之前，該公司的銷售額為35億美元，雖然暫時銷售額下降，股東價值卻增長了7倍多。但是自1990年代柏林牆倒塌、蘇聯瓦解、東歐易幟後，全球政治經濟態勢發生了很大變化，長期冷戰政策的結束必然引起世界政治經濟格局的變化，而世界第一號軍事強國美國也面臨軍事工業的重整，也是必然結果之一。

1991年，威廉·安德森出任通用動力公司總經理，當時通用動力的股價處於10年來的最低點──19美元。他了解由於國防工業面臨的基本形勢的變化，為了企業的生存，他採取了一系列改革步驟。

這些措施有：

1. 節約成本。他希望除去任何財務的不利因素，並削減10億美元的資本支出和研究經費，裁減員工達數千人，並執行以公司股價表現為基礎的管理人員的薪酬計畫。

2. 產品結構調整。這種調整將堅持經營以下業務：保持那些市場反應良好的產品，或具有市場獨占性的產品；要實行規模經營。對此安德森強調：「產量不足的事業將很難逃脫被賣掉的命運。」

開始時，安德森把通用的重心集中在它的 4 個營運核心上：即潛水艇、坦克、飛機以及太空系統。安德森判斷通用仍會在萎縮的國防市場中生存下去，其他的通用企業則被逐步剝離掉。1991 年 11 月，通用動力把其麾下的資料系統公司以 2 億美元的價格出售給電腦科學公司；1992 年，又以 6 億美元價格把賽斯納航空公司賣給德克斯朗公司；不久，又把它的飛彈企業賣給休斯航空公司，售價 4.5 億美元。在近半年時間裡，通用動力透過出售非核心部門企業，增加了 12.5 億美元現金的收益。安德森此舉引起華爾街的注意，通用動力的股價也因此上揚了 112%。

安德森在充裕的現金基礎上，宣布首先要滿足通用動力的流動資金需要；其次是降低負債以確保財務實力。對於仍然多餘出來的現金，安德森決定為股東造福。1992 年 7 月，依據標購遊戲的規則，通用動力按每股 65.37 美元到 72.25 美元之間的價格，回購了它流通在外約 30% 的股份，共 1,320 萬股。

這個大膽高明的舉動，引起巴菲特的興趣，他親自打電話給安德森，告訴他波克夏公司購買了 430 萬股通用動力股份，巴菲特說：「我對通用的經營策略留有深刻的印象，我買股票是為了想投資。」兩個月以後，巴菲特又宣布，只在安德森保留有公司的總經理職務，通用動力的董事會將擁有波克夏股權所代表的表決權，這個決定不僅使威廉·安德森終生難忘，而且增強了安德森改革的決心。

對於這樣的一個企業，持不同意見的人懷疑巴菲特的投資決策是否有誤，因為這是一家被政府控制，90% 以上業務來自政府機構，而且國

防工業市場正在日趨萎縮的企業。通用動力公司只有少得可憐的收益，和中下等的股東權益報酬率。除此之外，它未來的現金流量也是不可預知的。對此，巴菲特是如何想的和做的呢？

1993年，巴菲特對此事解釋說：「在購買通用動力股票一事上，我們是幸運的。」

「我直到去年夏季才稍微注意公司的動向。當它宣布公司將透過標購，買回大約30%的股票時，我就料到會有套利的機會。我開始為波克夏買進該公司的股票，希望賺得微薄的利潤。」因為巴菲特知道這是為套利而購買股票，所以不適用波克夏投資股票的原則，包括財務和營運表現的一些條件。

但是，為什麼從套利出發，後來又變成為對該股的長期持有者呢？巴菲特說：「後來，我開始學習了解公司的經營情形，以及威廉·安德森擔任通用動力公司總經理以後的短期表現。我看見的事情令我眼睛為之一亮，他有個條理井然的理性策略，而他積極實現其想法，那成果真是豐碩。」正基於此，巴菲特不但拋棄了原先套利的「短炒」的想法，反而決定變成長期持股，應該說這是一記勝招。

事實證明，巴菲特這項決策是對威廉·安德森是否能夠抗拒盲從同業不理性行為的一大考驗。其時，一些人已批評指責安德森解體了一個公司。但是，安德森則辯解說，他只是將公司的未實現價值轉換為現金而已。當他1991年就任總經理時，通用動力公司的市價是帳面價值的60%，近10年來，相對於其他10家國防工業公司的17.1%的年平均報酬率，和斯坦普工業指數的17.6%的獲利率，通用動力為它的股東創造了9.1%的年複利報酬率。

巴菲特認為，很少有這樣的一家公司，以低於帳面的市價交易，並

產生出現金流量，且積極展開股權強制過戶的方案。此外，最重要的是，這家企業的經營者能不遺餘力、想方設法地為股東謀利益，這是巴菲特最為看重的管理者素質。這使我們又一次看到了優秀管理人才在巴菲特投資理念中的重要地位。

安德森沒有停止他的改革步伐，儘管他曾想保留飛機、太空系統作為其核心部門，但後來還是決定繼續將其出售，如將航空器賣給了洛克希德。通用動力公司與洛克希德和波音公司本是新一代戰鬥機 F－22 的合夥人，3 家各自擁有 1／3 股權。後來通用動力透過轉讓，洛克希德取得了 F－16 業務，波音又取得對 F－22 的 2／3 股權；接著通用動力的太空系統又出售給太空發射系統的創始人──馬丁‧馬瑞塔（Martin Marietta）。這兩項銷售為通用動力公司提供了 17.2 億美元的資金。

現金流量的充沛，公司再度分配股利給股東，僅在 1993 年間，4 月分發給股東每股 20 美元的特別股利；7 月分又發給股東每股 18 美元的特別股利；到 10 月又發給股東每股 12 美元的特別股利。1 年間，3 次發給股東每股紅利即達 50 美元，而且每季支付的股利也從每股 0.4 美元，提高到 0.6 美元。波克夏公司在 1992 年 7 月到 1993 年底的 1 年半時間中，只要投資每股 72 美元於通用動力股票上，即獲得了每股 2.6 美元的普通股股利和 50 美元的平均特別股利，而這段期間，股價上揚到每股 103 美元。由於安德森開始清算通用動力公司的貨幣價值，並給予它的股東現金股利，對通用動力的股票投資收益，不但強過它的同行，並遠勝過同期斯坦普工業指數的表現。

至於巴菲特將會持有通用動力公司股票的時間，對此，巴菲特表示，他將會在股東權益報酬率令人滿意，且公司前景看好，市場不高估通用動力公司的股票價值，以及經營者為誠實有才能者的情況下，才會

繼續持有。話雖簡單，但是體現了巴菲特投資的基本原則。

在巴菲特的事業如日中天時，巴菲特投資以套利為目的的股票不能不令人驚訝。巴菲特居然也想玩一把「投機」，可見其投資股票時在具體操作上並非墨守成規、一成不變。也說明股票投資領域方法多樣性的重要，雖然這次巴菲特是以「投機入市」，但是後來透過研究該股和管理層，從中又發現了新的投資價值，並決定持股和授權給安德森波克夏公司持股的表決權。可見巴菲特投資思想之活躍，投資藝術之高超了。

通用動力有如此出色的表現，與威廉‧安德森的誠實、能幹經營是分不開的，他在企業經營管理業界開創出了一個先例，即處於不利的產業時，該如何經營並創造出卓越的成就。

全球知名的股東大會

1990 年 10 月，巴菲特宣布波克夏已經購入威爾法斯哥公司股票的 500 萬股。1990 年，由於投資人擔心經濟不景氣會蔓延到西海岸，導致對商業區和住宅區的不動產市場的大量貸款損失，威爾法斯哥以每股高價 86 美元上市。由於威爾法斯哥是加州地區銀行業中，擁有最多商業不動產的一家銀行，因而人們紛紛拋售，並有人估空該股，導致股價下跌，威爾法斯哥股票在當年 10 月的賣空收益高達 77%。在這種情勢下，巴菲特見時機成熟，開始陸續購進該股。

幾個月後，波克夏公司已掌握有該銀行流通在外 10% 的股份，成為該銀行的第一大股東。巴菲特的介入導致了圍繞威爾法斯哥銀行股票走勢的一場爭議。在巴菲特一方，其介入持股是看好該股，投入 2.89 億美元，為的是它日後的成長。而看空該股者為另一方，如當時美國最大的

賣空者費西哈巴兄弟投機該股，是預料該股將進一步下跌，不僅因為它已下跌了49%，而且因為他們認定威爾法斯哥是死定了。摩根史坦利公司一位有影響的分析師巴頓認為，威爾法斯哥股價最終會跌到只剩百分之十幾的價格。

也是這個時候，保德信證券公司的證券分析師喬治・沙勞認為：「巴菲特是出了名的討價還價者，也是長期投資者。」但是當時德州由於能源價格下滑而導致銀行倒閉的事，為人們心理預期蒙上了陰影。喬治・沙勞認為「加州有可能會變成另外一個德州」。弦外之音是對威爾法斯哥的情形不容樂觀。在貝倫的一位名叫約翰・利西歐的業內人士也表示：「巴菲特毋須擔心誰在長期揮霍他的金錢，只要他不要一直試著去買底谷價位的銀行股。」幾乎所有的輿論都看淡威爾法斯哥，甚至有人開始教巴菲特，如何在他最熟悉的行業之一投資，也就是銀行。

而巴菲特之所以選中威爾法斯哥銀行投資，是有他的道理的，讓我先來介紹一下這家銀行的情況。

1983年，卡爾・理查出任威爾法斯哥公司董事長，他是一個深具理性兼睿智的人，在他走馬上任後，決心不惜血汗，要把死氣沉沉的銀行來個根本轉變，使之變成能賺錢的大企業。在他的努力下，1983年到1990年的7年間，威爾法斯哥的平均獲利是1.3%，而且平均股東權益報酬率是15.2%。1990年，威爾法斯哥以560億美元的資產，排名為美國的第十大銀行，充分顯示出了卡爾・理查的管理水準。儘管他尚未著手股票回購或發放特別股利的計畫，就已經使股東們獲利了。

在卡爾・理查的領導下，威爾法斯哥亦專注於控制成本，分析師們從比較公司和非利息支出占公司淨利息收入的比例中，可以了解到銀行的營運費用占淨利息收入的百分比。據推算威爾法斯哥的營業效率是

20% 至 30%，這個數字表明，它的營運成本比第一洲際銀行或美國銀行還要好，而卡爾·理查的一個應該指出的特別管理本領是，一旦成本被控制住以後，他就不讓成本再度增加，從而能持續地改善威爾法斯哥的營利狀況。

巴菲特在 1990 年買進這家銀行的股權時，該銀行是國內任何主要銀行中，對商業不動產放款最高的銀行，高達 145 億美元，是它股東權益的 5 倍。由於當時加州的經濟不景氣狀況正在惡化，因此，分析師推算銀行的商業放款中，有一大部分將成為呆帳。正有此預計，導致了威爾法斯哥股價在 1990 年和 1991 年的下跌。

當時發生了一件震動金融界的事情，那就是美國聯邦儲貸保險公司的倒閉。金融檢查人員認真地分析了威爾法斯哥銀行的貸款投資組合情況，迫使銀行在 1991 年撥出 13 億美元作為呆帳準備，1992 年度再提列 12 億美元作呆帳準備。因為準備金是每月撥出，投資人開始對每次的提列金額感到緊張。按照規定，銀行並非一次足額提到放款損失準備金，而是在二年內慢慢提到。但是投資人對於銀行是否能撐到它的放款問題得到解決的時候表示懷疑。

1990 年，由於波克夏宣布它擁有威爾法斯哥股權後，股價在 1991 年初明顯上揚，達到 98 美元一股。這為波克夏賺取了 2 億美元的利潤。但是正如巴菲特事後承認的那樣：「我低估了加州的不景氣，和那些公司的不動產問題。」果真在 1991 年 6 月，當銀行宣布另外一筆放款損失準備的提列，造成股份兩天之內下跌 13 美元，成為每股 74 美元。雖然股價在第四季度略有回升，但是由於威爾法斯哥必須為它的放款損失再增撥另一筆準備金，這明顯將使盈餘減少，因此到年底，該股以 58 美元一股收盤，這與 1990 年 10 月波克夏以平均每股 57.88 美元買進的價位基本持平。

威爾法斯哥銀行 1990 年賺了 7.11 億美元，但是 1991 年由於提列呆帳準備，只賺了 2,100 萬美元，1992 年雖然達到 2.83 億美元，但是仍小於它前兩年的盈利水平。不過，反過來說，如果加上呆帳準備金，那麼該銀行仍有每年賺進 10 億美元的盈利能力。

巴菲特與人們的爭議在於，若考慮它所有的放款問題之後，它還有賺取盈餘的能力嗎？巴菲特認為有，而看空、賣空者則認為沒有。巴菲特為波克夏公司建立了一個理性購買模式，他認為：「加州銀行所面對的主要風險是地震，除了危及貸款者，也破壞了借款給他們的銀行，它所面對的第二個主要風險是系統性的，包括一些企業萎縮的可能性或嚴重的財務恐慌，以致不論經營者多麼精明地管理它，它幾乎仍會危及每一個靠高負債運作的組織。」

巴菲特的判斷使他覺得發生這兩種重大風險的可能性不高，但是他仍然認為：「市場最懼怕的莫過於西岸的不動產值將會下挫，因為房屋興建過剩，而且會造成提供融資擴張的銀行極大的損失。由於威爾法斯哥銀行是不動產貸款的領導業者，它被認為尤其容易因此受到傷害。」這將是一大風險。

巴菲特計算出，威爾法斯哥銀行每年在支付平均 3 億美元的貸款損失費用之後，仍賺進 10 億美元的稅前盈餘，如果 480 億美元的貸款裡，不只包括商業性的不動產放款，也包含了其他所有銀行放款，其中 10% 是 1991 年的問題放款，並因此產生損失，包括利息損失，平均為放款本金的 30%，則威爾法斯哥會達到損益平衡點。但是這種情況發生的可能性很低，即使威爾法斯哥一年沒有賺錢，這想法也不會令人沮喪。而波克夏收購或投資方案，是立足在該年未賺取分文，但預期未來它的股東權益可能成長 20% 的企業。

巴菲特收購威爾法斯哥的股權，還有另一條理由是他信任理查，巴菲特的眼光沒有錯，1992年波克夏繼續買進該銀行股票，使持股增至630萬股，占威爾法斯哥總股本的11.5%，然後又利用自聯邦準備局拿到的清算超額準備金，再買進該銀行股票，使持股增加到22%。1993年11月，波克夏以每股介於106美元和110美元之間的價格繼續買進該股票。至當年年底收盤，威爾法斯哥的股票已漲到每股137美元。

這場爭議以巴菲特投資不斷營利的事實為之畫上句號，也又一次證明了他的投資理念和方法是經得起考驗的。即便是大多數人反對，以及風險降臨且幾乎動搖人們信心的時候也是如此。

巴菲特讚賞卡爾・理查，表明他挑選銀行投資，是挑選經營者最好的銀行。他說：「我不想要開始吹噓威爾法斯哥的股票或任何事，我只是認為它是真正的好企業，有最好的經營者，價格也合理，通常就是這種情況，投資人可以賺得更多的錢。」

從1994年開始，波克夏公司利用全美股票市場報酬率走低的時候，開始了又一輪大規模的收購行動。巴菲特的觀點是，只有當優良的公司被不尋常的資訊包圍，導致股價被錯誤地評價的時候，才是真正大好的投資機會。

迄今為止，巴菲特給人的印象，總是那麼笑容可掬、和藹可親，顯得那麼慈祥、誠懇。有人比喻，如果說索羅斯（Soros）的投資故事驚心動魄、翻江倒海，充滿血雨腥風、生死相搏的話，那麼讀巴菲特投資的故事就好像是品茗飲茶，於逸趣閒情時欣賞清新雋永的小品文，雲淡風輕、傍花隨柳，一切那麼自然真切，甚至波瀾不驚、風和日麗。

即使在金融界風雲驟變的1998年初，這位奧馬哈長者除了貴金屬市場令他有興趣外，對全球金融界人士的恐慌竟有渾然不知之感，他忙著

在全球貴金屬市場指令大量收購白銀現貨，由於他的介入，人們順著他點石成金的手尋覓發財機遇，於是全球白銀價格居然在肅殺的涼意中扶搖直上，創下了 10 年來罕見的新高。

當然，每年春天還有一個多年必須做，也樂意做的大事，便是召開波克夏‧海瑟威公司的股東大會。這也可以說是巴菲特家族的一個盛會，這一天，他會率領全家出動赴會。身為董事長的巴菲特在致股東們的報告中，要報告過去 1 年的經營情況、報告公司正在做什麼、報告公司在新的 1 年中還將怎麼做，以及為什麼要這樣做的理由與分析。

這報告或者說是董事長致全體股東的信，是要給全體股東來看，即便你只有 1 股，也會鄭重其事地寄給你。莫小看了僅僅持有 1 股波克夏‧海瑟威公司的股票，由於這家公司 30 餘年來沒有分過一次紅，也沒有擴過一次股，它的總股數僅 226 萬股，每股淨資產為（1998 年初）1.1 萬美元，因此這隻股票的帳面價值由 1962 年的每股 12 至 15 美元，飆升到 1998 年 3 月的每股 5.7 萬美元，這個價位雖說不是每個投資者都能買得起的，但是它流通量極低，可以說是有行無市。在美國持有波克夏‧海瑟威公司股票已成了榮譽與身分的象徵，雖說它是小盤股，由於總市值已高達 1,000 億美元以上，實際是一家大公司一點不假。儘管由於亞洲金融風暴的影響，紐約股市也變得捉摸不透，動輒就出現暴跌態勢，1997 年 10 月 27 日，道瓊指數曾暴跌 500 多點，在 1998 年 6 至 8 月間，曾三度出現巨幅探底，大有崩盤之勢：6 月 15 日，道瓊 30 種工業股票平均物價指數較上週末猛跌 207.01 點；8 月 27 日道瓊指數又暴跌 377.3 點；8 月 31 日道瓊指數又狂瀉了 512.61 點，以 7,539.07 點收盤，跌幅達 6.4%，為歷史上第二個大跌日，華爾街股市因此逼近 8 年來的首次熊市。

據估算,這種劇烈的動盪使美國投資者的金融資產按照市值計算,至少損失 2.3 兆美元。波克夏·海瑟威公司雖然價位高企,但是每次都回檔且並不很深,在行情劇烈波動時,也出現過一天 3,000 美元的震盪。在其他股價走低、市值萎縮之際,它卻成了華爾街上一顆耀眼的明星,波克夏·海瑟威公司的股價繼續攀高,由年初的 5 萬美元一股,飆升至每股 7.5 萬美元。

巴菲特的有價證券 33 年來幾乎都是成正增長,其間也僅有 3 次成長率低於道瓊指數。1998 年以前 32 年間,利潤的年增長達到 23%。所以,華爾街的證券交易所裡常有專做波克夏·海瑟威公司股票的投資者,哪怕只有 1 股,漲上去拋掉,套牢了也不怕,因為其他股票都有營利預測,只有它沒有,誰也不能說準它年底的價格,但是資料顯示,它的利潤十分驚人,1996 年每股盈利為 206 美元。

每年一次的波克夏·海瑟威公司的股東大會,堪稱「全球第一」股東大會。每逢股東大會召開之日,是奧馬哈市的盛大節日,當地有名的幾個旅館如紅獅、雷迪遜等均告滿員,股東們在這裡喜氣洋洋地比較著各自回報的多少,當然贏者總屬於投資最多、持股最長,且勇於重複加碼的股東們。

據老股東們回憶,波克夏股東大會的人氣也是隨著股價而不斷升溫的。1981 年,當波克夏公司的股票為每股 500 美元時,參加股東大會的僅 15 人;1986 年,波克夏公司的股價達到了 2,500 美元,參加股東大會的股東達到了 400 人;而 1996 年,當波克夏公司的股價達到了 3 萬美元以上時,參加股東大會的人數達到了 6,000 餘人。

每年一度的股東大會,會場就像是一個大型的家族聚會,巴菲特攜夫人、女兒和兒子們全家出席會議。股東們照例擁進顯得擁擠的大廳

裡，聆聽董事長巴菲特的演講。巴菲特在會上接受股東的提問，直到回答完所有的問題。會議開始前，巴菲特公布與會者要遵守的會議規則。

從 1990 年代起，波克夏‧海瑟威公司股價一路飆升，至 1998 年已近每股 8 萬美元。但是巴菲特繼續毫不動搖地堅持他不分股的立場。由於分股將會使新的投資者更容易購買波克夏的股票，也便於現有持股者的拋售。巴菲特並不想要波克夏的股票處於投機者的控制之下，而一個高到極端價位的股票，就是巴菲特能夠想到的，最為有效的制止投機的方式。

不僅不分股，波克夏公司也不向它的股東支付紅利。因此避免了股東與公司雙重徵稅，並且也不必在支付紅利上費什麼精力，這樣可以把紅利重新投資以獲取更多的收益。有一次例外是在 1967 年，那時巴菲特向他的合夥人支付了每股 10 美分的紅利。當然，巴菲特也表示，如果他認為他的股東們能夠找到比投資於波克夏更能賺錢的方式，他會在那個時候臨時支付紅利。

1996 年股東大會上，巴菲特向股東們說，如果自己出了什麼事，關於波克夏公司的投資業務，將由路易斯‧辛普森，這位投資成就非凡的 GEICO 保險企業的投資主管與聯合總裁接管。

奧馬哈因為巴菲特而揚名全球，越來越多人參加每年一度的波克夏股東大會，更使這裡熱鬧非凡，往常作股東大會會場的喬斯林藝術博物館已經容納不下越來越多的與會者，後來又搬到更大的俄耳浦姆劇院，使會議的組織者甚至不能宣布下次開會的確切地點。1995 年會議在假日旅店的會議中心舉行，這是奧馬哈最大的室內場館了，但是會議大廳照樣爆滿。隨著波克夏 B 股股票的發行，波克夏公司的股東基數在 1996 年翻了一番，因此，選擇會議地點是一件令人頭疼的事。

巴菲特

事業如虎添翼

　　1990年代，巴菲特已是華爾街響噹噹的人物，世界級股壇為數極少的重量級人物之一。而全球經濟在進入90年代前期、中期的發展，又使他的事業如虎添翼般得以迅速發展，波克夏公司的資產又一次進入高速成長期。

　　不管巴菲特平生是否擁有當個世界級富豪的鴻鵠之志，命運之神卻把他推進世界級富豪之列。進入90年代，世界權威的金融和財富刊物公布的世界富豪名單，一再把華倫·巴菲特的富翁交椅往前挪動，至1998年，他已是全球富翁中的第二號人物，僅屈居於微軟公司董事長比爾蓋茲之下，1997年就以360億美元的個人資產令全球側目，就金融投資而非實業發展而榮登世界首富前列的，巴菲特是做得最棒的一人。

　　巴菲特作為一個偉大的投資專家，他奉行的是最樸素的投資理念，他對近些年由學術界發明起來的理論持不屑一顧的態度，那些時髦的理論、那些使用財務槓桿、期貨、動態套頭保值、現代資產組合分析等，在巴菲特這裡沒有市場。他不染指他不熟悉的東西，他也不理會現在教授們在課堂上講的那些東西，他只遵循自己理解的、熟悉的，並堅信不疑的投資理論與方法，從頭至尾堅持執行。並非巴菲特老頑固，不思進取，如果按我們的說法，實踐是檢驗真理的唯一標準的這個原則，巴菲特無疑是對的，歷史的、實踐的結果都證明他是對的、成功的和正確的，至少在金融投資界，迄今無人能超越他。

　　當然巴菲特的投資理念和方法也並非完全的盡善盡美，至少他迄今尚未購入過一股微軟或英特爾公司的股票，是令世界金融界人士感到惋惜的。這是因為巴菲特對自己投資公司的前提，是要求對一家公司及其

所占據的市場有最詳盡的了解，由於對技術股的了解至少目前還尚未達到這要求，因此巴菲特的投資組合中，鮮見科技股也是可以理解的了。話又說回來，巴菲特雖錯過了微軟、英特爾這樣的股票，但是也避免了許多風險，在美國股市上，許多曾經風光一時的股票，不是現今都銷聲匿跡了嗎？正所謂塞翁失馬，焉知非福，1998年3月初，英特爾公司公布上季度業績時，曾引發股市劇烈震盪，致使道瓊下跌100多點，英特爾跌了10美元，在大多數技術股受牽連之際，巴菲特所持的可口可樂當天卻上漲了1美元還多。

巴菲特正在做這方面的努力，只是還有些問題讓他吃不準，他說：「必須深入研究迅速發展的高技術公司，但是一時難以就其長期的經濟前景做出可靠的評價。」不過我們已看到了這方面的跡象。就巴菲特與微軟董事長蓋茲先生兩人的私交來說，不僅過從甚密，而且相知也較深，一般說來，愛才如命的巴菲特的投資風格中，這個特點遲早會在科技領域中顯露出來的。

提起巴菲特與比爾蓋茲的友誼，說起來還有一段有趣的故事。巴菲特遠離科技股，也遠離電腦，這東西對於一位老人來說還是顯得太深奧和複雜了些。由於巴菲特酷愛玩橋牌，到了入迷的程度，他甚至說：「如果有3個會玩橋牌的同牢房牌友，我不介意蹲監獄。」他的橋牌教練沙倫‧奧斯伯格（一位世界冠軍選手）把電腦和電腦玩撲克的軟體（Itwnation）給了巴菲特。這是巴菲特首次接觸電腦，巴菲特說：「我小心地從一臺電腦邊走過，害怕它會咬我一口，但是一旦上路之後，我發現它很簡單。除了會在電腦上玩橋牌之外，我對這玩意兒一竅不通。」

也正是由於巴菲特在電腦上大玩橋牌，他結識了西雅圖的律師威廉‧蓋茲（William Gates），而此人正是大名鼎鼎的比爾蓋茲的父親。巴菲特

巴菲特

與威廉律師成了好朋友。有一次,蓋茲的母親邀請蓋茲參加一個為期一日的野餐郊遊,她打算在郊遊中將她的兒子介紹給巴菲特,使這兩位美國首富的競爭對手見上一面。但是蓋茲拒絕了,認為他和一個整天從早到晚,除了投資之外什麼都不做的人沒有什麼好說的。後來他聽說《華盛頓郵報》的前發行人凱瑟琳·葛蘭姆(Katharine Graham)也將前往時,才決定去參加。

但是,蓋茲與巴菲特的見面,兩人均有相見恨晚之感,談個不停,很快成為密友。巴菲特還參加了蓋茲在夏威夷舉行的婚禮。

巴菲特對蓋茲的評價極高,他說:「我沒有資格評判他的技術能力,但是我認為他的商業精明是極為出眾的。」巴菲特說:「如果比爾從一個熱狗攤起家,他將成為世界上的熱狗之王。他在任何遊戲中都能贏。在我的行業裡他也會很出色,但是我未必會在他之下。」

1998年,應華盛頓大學商學院的邀請,蓋茲與巴菲特為該校學生作了一次講演,人們對此的評價是:「太陽系中最富有的兩個人進行的極為簡單的公開對話。」因為這篇講話中包括了巴菲特對人生、對新技術、對投資理念的最新看法,而且由於有蓋茲的聯袂講演,能使我們更加深對此的理解。

可以這樣說,華倫·巴菲特是天才的投資家。他奉行最樸素的投資理念,從不染指自己不熟悉的東西。他遵循自己理解的熟悉的、堅信不疑的投資理論與方法,並一貫堅持下去。他在其投資生涯中,使自己置身於股票市場的情緒之外,這也是他一生步步走向輝煌的原因。由此可見,巴菲特其人不僅是投資界公認的投資藝術家,在管理界也是名列前茅的管理藝術家,在美國經濟史上,榮獲這兩項殊榮的,只有他一人。

默多克

默多克

大學畢業前

魯珀特·默多克（Rupert Murdoch）建立了一個龐大的全球傳媒帝國，半個世紀以來，他一直處心積慮地擴張著自己的疆域，包括平面媒體、電視臺、有線網以及出版公司，他堅韌的決心、過人的膽識和不懈的努力使他無往而不勝。

1931年3月11日，魯珀特·默多克出生在墨爾本。而他並不是澳州人，其祖父在19世紀中葉從英國移民到澳洲，從此便開始艱辛的創業。其父親基思·默多克（Keith Murdoch）是一名記者，工作勤奮，極富精明的頭腦。經過他的奮鬥，《論壇報》辦得十分出色。母親伊麗莎白·格林，出身於貴族家庭，1926年6月被基思·默多克感動並很快與其結婚。

隨著基思·默多克在報業的成就與日俱增，默多克從很小就注意到父親的權力、榮譽也隨之自然增長。當父親出現時，絕對讓人感到一種緊張的氣氛。基思爵士經常帶他的兒子到《論壇報》的辦公室去玩，默多克每次都很興奮。新報紙散發濃濃的油墨氣味，印刷機發出隆隆的響聲，整個報社的氣氛高度緊張。小默多克隨意地走動，總能發現新奇的事情，他置身其中，感覺非常非常好，簡直是妙不可言。基思要花費許多氣力才能勸說他回家。每當回到家，默多克就向他的姐妹炫耀他的經歷，眉飛色舞地描述報社的情景，並充滿嚮往地說：「出版商的生活是全世界最好的生活。只要小孩子接觸它、了解它，無疑都會被它所吸引。」引得他的姐妹們經常抱怨父親偏愛他，纏著父親也要去報社玩。一到週末，他喜歡躺在他父親的床上，看他父親認真地讀報紙，做標記，評出好的和壞的文章。在他日後的報業生涯中，他學習父親的好習慣，也喜歡做標記。

大學畢業前

幾十年以後,默多克女兒的朋友尼古拉斯・柯瑞奇(Nicholas Coleridge)在他自己寫的一本書《紙老虎》中,一開始就談到他第一次去魯珀特家的經歷。那是一個早晨,尼古拉斯被魯珀特・默多克的女兒請到家吃早餐。默多克坐在飯桌的另一端,翻看著當天的一大疊週日版的報紙,默多克突然問尼古拉斯:「你看過今天的報紙了嗎?」尼古拉斯點點頭,魯珀特・默多克繼續問,「你認為今天報上最有意思的3則報導是什麼?最無聊的3則報導是什麼?」就此可以看出默多克的看報習慣。

默多克的父親優秀而又孤獨,不善長誇獎別人。1989年默多克有一次接受電視採訪,主持人問他:「你父親認為你是一個很棒的兒子,還是一個笨蛋?」他沒有思索,脫口而出:「是一個笨蛋。」

1941年,在10歲的時候,默多克被送到寄宿學校讀書。

在學校裡,馬斯特曼、克拉克和赫希菲爾德這3位教師成為魯珀特的良師益友。畏避父親並正在尋找自我的默多克得到了他們的鼓勵和支持,默多克與馬斯特曼的友誼,最初是透過馬斯特曼的妻子瑪格麗特建立起來的。她為他修改作文,默多克一直很受老婦人的喜歡,瑪格麗特就是一例。一次,馬斯特曼要外出休假,默多克趕到他們家,表示為他們做最髒、最累的活,說著便打掃起浴室和廁所。克拉克使魯珀特對歷史產生興趣,這種師生關係延續了數十載。克拉克後來一直是《澳洲人報》(The Australian)書評專欄的自由撰稿人。赫希菲爾德把默多克引入藝術和戲劇的殿堂。1946年,默多克在他導演的《暴風雨》中扮演艾里斯。

在這幾位老師的影響下,默多克開始參加校園活動和學生社團,並逐漸成為令人矚目的風流人物。他擔任了校報《科利歐信使報》的編輯。1947年,默多克完成了他在學校的學業,但是他留下多學了1年,並成了一個報人。他創辦了他的第一份刊物《假如復生》,作為原文學社團刊

物《如果》的續刊，這本雜誌在 10 年前還很流行。默多克的宗旨是：讓所有人暢所欲言。

《假如復生》的撰稿人多為學生中的菁英，文章題材廣泛，包羅萬象。雜誌刊登有關「教育免疫」的專論，有介紹美國女作家葛楚‧史坦 (Gertrude Stein) 的論文，有倡導現代藝術的評論，有批判白人種族歧視主義政策的文章。在前兩期刊載的專題中，有一篇未署名文章〈為了社會主義事業〉，在學校引發了一場關於社會主義的爭論，這篇文章可能是他的手筆。雜誌圖文並茂，引人入勝。由於他優異的成績，他榮獲「德蘭西傳播知識獎」。

從學校畢業後，默多克在《論壇報》做了一名見習記者，專門與警察局和法院打交道。這時父親的朋友為他在伍斯特學院爭取到一名入學名額，父母聽說後十分高興。基思爵士希望他的兒子默多克去牛津接受系統性的高等教育，對外面的世界多些了解，學成歸來後投身於報業，繼承自己的事業，開創新的報業生涯。

為了讓兒子適應英國生活環境，基思爵士便讓兒子到英國伯明翰的《伯明翰新聞報》當實習記者。

默多克在《伯明翰新聞報》報社度過了一段美好的時光。報社讓他主持「閒話欄目」，他沒有覺得特別困難。工作之餘，他熱衷於參加賽狗比賽。在當時，賽狗比賽是伯明翰最流行的體育活動，全城男女老少都對它著迷。他經常看見人們仔細閱讀報紙中對賽狗比賽的報導。逐漸地，他注意到體育版是這家當地小報最受歡迎的版面，日後他的報紙、廣播和電視積極從事體育報導及轉播，就是深受這個小發現的影響。

1950 年 10 月，默多克離開伯明翰，去了伍斯特學院。二戰中，英國大多數大學生沒有畢業就去軍隊服役，然後其中的一些人重新回到學校

學習，社會的磨練使他們成熟了。對於這個離開學校不久、年輕的澳洲人來說，與他們交談總是話不投機，似乎彼此之間缺乏共同語言。默多克認為他們之間太乏味了。與默多克畢業於同校，又一起來到牛津讀書的朋友對此表示贊同，他也認為大部分英國人對遠離家鄉的澳洲人「一點也不熱情」。

在牛津讀書期間，父親把有關他們家報紙的發展情況陸續地寫信告訴默多克，希望能引起他的興趣。而這段時間，基思爵士對他自己的身體越來越擔心，總感覺自己的日子不多，因而極其關注的是安排好身後的一些事情，留下一大筆錢給他的妻子和兒女，足夠他們日後生活，尤其是要留下一個初具規模的報業帝國給默多克。事實上，在他生命最後的 4 年中，他在商業上從事的每一筆交易，都與這個目的直接相關。

最讓基思不安和放心不下的就是魯珀特，他一直擔心魯珀特不負責任，在牛津浪費時間。有一個學期，魯珀特學習不用功，考試成績相當糟糕。基思聽到後，生氣了好幾天。後來他和妻子商量，告訴她，決定把魯珀特叫回來，讓魯珀特在澳洲的報社工作，他自己來管教魯珀特。妻子反對基思的這個決定，母親的支持挽救了魯珀特。

這時這個小夥子突然做出了一個決定：自己要自由地生活，遠離監護人的關心和照顧。然而不幸的是 1952 年 10 月 2 日父親在墨爾本去世。默多克花了 3 天時間飛回家，他精疲力竭、情緒極度低落。他的母親沒有因他而推遲葬禮，基思爵士在 10 月 7 日安葬。

回到牛津後，默多克恢復了與里維特的聯繫，但是整個人的語氣和他所關心的事物驚奇地改變了。他少了一分輕浮，多了一分成熟。突然，他對阿得雷德《新聞報》的財政細節產生了濃厚的興趣。他的信表現出他對金錢和權力有一種本能的感覺，及如何使用它們的天份。

⭐ 默多克

　　1952 年初的幾個月，默多克仍舊擔心家庭公司的財政情況，以及阿得雷德《新聞報》如何才能在與阿得雷德《廣告商報》的競爭中處於不敗之地。阿得雷德《廣告商報》是墨爾本先驅集團公司的分支機構，有強大的資訊來源。與此同時，學校的期末考試也逼近，在這緊張時刻，亞瑟‧布里格斯伸出援助之手，他嘗試每天填鴨式地教默多克，幫他準備 6 月的期末考試。

　　在他獲得學士學位後，於 1953 年飛向澳洲，此時他只有 22 歲，就接管了他應該繼承的財產，開始他一生與這個世界較量的第一篇章。

開啟輝煌生涯

　　基思爵士生前的商業運氣一般，他留給默多克的遺產不多，只有一筆昆士蘭新聞公司的股票以及克魯登投資公司，後者是一個控制布里斯班《信使郵報》(*The Courier Mail*) 和《新聞報》兩家小公司股票的家庭公司。在默多克回到阿得雷德鎮前，他母親伊麗莎白把布里斯班《信使郵報》的股票賣給了墨爾本先驅集團，原因是他母親擔心他的家庭無法支付他們的營運費用。據說，這個舉動曾使默多克感到灰心喪氣，也許當初誰也沒有想到，靠著這點家底，默多克把它建成了一個龐大的媒體帝國。

　　在《新聞報》小小的白色辦公室裡，默多克受到了里維特的熱烈歡迎。里維特在到阿得雷德《新聞報》報社後的最初兩年，日子也很不好過。當時《新聞報》滯銷，利潤下降，里維特在這兩年的困難時光裡拚命工作，使報紙發行量上升到約 7.5 萬份。後來處理基思爵士的遺產也是一個令人頭痛的問題。接替基思‧默多克出任先驅和時代週刊集團董事

長的哈洛‧德‧傑迪是指定的遺囑執行人之一，而他卻是《新聞報》當時的競爭對手《廣告商報》的一個主要股東。

默多克來到報社後，第一個主要面對的是比他更強大的阿得雷德的《廣告商報》，該報屬於他父親的老公司墨爾本先驅集團。當默多克到達阿得雷德時，他父親的影響已經煙消雲散了。這時，先驅集團試圖吞併基思爵士留給默多克的小帝國。隨著默多克年齡的增長，他想到的事情越多，發現的問題越多。而基思爵士的遺產管理人一直對他的母親施加壓力，迫使她出售布里斯班的《信使郵報》。

先驅和時代週刊集團之所以盤入《信使郵報》，是因為認為該報不久會火併布里斯班的另一家報紙《電訊晚報》，3年後果然如此。另一方面，默多克需要錢償還父親欠的債，然而保留《新聞報》則是明智的選擇。默多克當時的處境是：一個默多克家族擁有的小報，要與由基思‧默多克建立但不擁有的大公司——先驅和時代週刊集團的分支《廣告商報》展開競爭，默多克饒有興趣地接受了這個挑戰。

先驅集團不斷對默多克家族施加的威脅，主要來自勞埃德‧杜馬，他是所謂白色爵士之一。這些爵士們的財富和地位，使他們對澳洲社會和政府有著巨大的影響力。杜馬是阿得雷德《廣告商報》的董事長，先驅集團擁有《廣告商報》45%的股份。

《廣告商報》的威脅仍然存在，它比《新聞報》及其星期日刊物《郵報》的規模更大，並擁有一個更大的組織機構，也更暢銷。杜馬的目標是使默多克家族出售《新聞報》，他向默多克夫人報價15萬英鎊購買這個公司。

1953年下半年，默多克從英國回國後，當即向世人表明他是自己的主人，令那些不習慣公開談論財產情況的阿得雷德人大吃一驚。11月10

默多克

日,《新聞報》發表「獨立宣言」說:「先驅和時代週刊集團昨天從已故基思・默多克先生的遺產中,買入昆士蘭報業控制有限公司以及布里斯班《信使郵報》和《星期日郵報》的多數股權。」這篇報導接著指出,兩名先驅和時代週刊集團的董事同時也是《廣告商報》集團的董事,但是《新聞報》的發行人與墨爾本的公司無關,其所有董事均居住在阿得雷德。

《廣告商報》集團董事長勞埃德・杜馬爵士於1953年10月24日推出《星期日廣告商報》,與《新聞報》的週末刊《郵報》抗衡。《廣告商報》銷量為16.7萬份,遠遠超過《新聞報》的10.2萬份,但是《郵報》銷售量高達17萬份左右。杜馬期望將其日報讀者也爭取為週末刊的讀者,但《郵報》根基深厚,主編羅恩・博蘭又是一個精於挖掘大眾新聞的老手。

新聞公司的星期日版的《郵報》設計很漂亮,是雙面印刷的大幅報紙,非常具有新聞價值。《郵報》的主編羅恩・博蘭對《星期日廣告商報》形成巨大的壓力。他們在阿得雷德的報業市場上採取各種手段,爭奪有限的讀者。

兩家週日報刊嚴酷的競爭持續了兩年。競爭雙方都付出了沉重的代價。《廣告商報》建議默多克作出讓步或合併,默多克毫不猶豫地說「見鬼去吧!」最後,勞埃德・杜馬爵士敗下陣來。1955年,兩家週報達成合併協議,兩家各持有新報紙50%的股份,但是默多克說:「《星期日廣告商報》不是合併而是被迫消失。」所以,競爭實際以默多克的勝利而告終。1955年12月,這兩家週末報正式合併,雙方各持一半股金,但是新聞公司贏得了有利可圖的印刷合約。這次合併可以稱之為默多克的第一次勝利。

默多克的活力使《新聞報》的職員大吃一驚,他對報紙的任何一個環節都嚴格把關。在阿得雷德,人們對他的印象是一個精力充沛而又有點

自負的青年，毋庸置疑，他對印刷、廣告、報紙經營等具體環節都有研究，這為他今後的奮鬥打下了堅實的基礎。

但是當與女士相處時，他又顯得靦腆而拘束。透過介紹，他認識了帕特·布克。布克生在墨爾本長大，書香門第。1956年3月1日，他們結為夫妻，婚禮在當地一個長老會教堂舉行，默多克當著眾多親友的面對著上帝發誓，永遠愛她，無論發生什麼，永不變心。也許這些誓言只有上帝才會相信。10年以後，他又把上述誓言對他報社的一名實習記者安娜重複了一遍。

默多克對事業的過分執著，使他根本無暇顧及家庭生活，因此，他們的婚姻在開始不久就蘊藏著危機的種子。

然而，此時默多克的注意力根本沒有放在自己的家庭生活上，他和里維特都在關注著阿得雷德的政局。二人對州總理湯姆·普萊福德都抱有一種喜惡各半的矛盾心理。普萊福德是一個非常精明的官員，從二次大戰時開始，他就使阿得雷德實現了工業化，並在市郊建起了衛星城。為了招攬投資商來南澳洲，他還建立了州建房信託基金，為日益壯大的工業和服務業勞動大軍提供住房。因此在默多克和里維特眼裡，每一個新的定居者都是一個潛在的報紙讀者，《新聞報》不能反對普萊福德。

只是默多克和里維特不可能盡心盡意地支持普萊福德，普萊福德雖然有才能，但是從某種意義上來說，他也成了阿得雷德實際上的獨裁者。自1938年出任州總理以來，普氏逐漸將全州置於他牢牢的控制之下。至1954年，選舉區域的規定使1張農村選票相當於3張城市選票。農村選票大都被普萊福德的自由鄉村聯盟黨贏得，買《新聞報》的阿得雷德新移民在投票時的作用顯得微乎其微。當政府的勢力如此強大時，報紙很難對選舉施加影響。這種局面是任何一個媒體大亨所無法容忍的，

更何況是雄心勃勃的默多克。

這時，默多克和里維特親密的關係也開始出現了微妙的變化。默多克訂購了 1 臺可以印 72 版的大型印刷機。正在國外進行每年一度旅行的里維特從印度發回電訊，供新機印刷的第一期報紙刊用。他回國後發現，默多克把體育版從背版調到了中間版頁。里維特對默多克事先不打招呼就隨便移動他的體育版而感到生氣，但是默多克堅持認為，背版必須賣給廣告商。里維特仍舊感到憤憤不平：他認為自己才是真正的主編。最後，體育版還是被夾在了報心裡。此事雖小，但是意義巨大，因為此時在默多克眼裡，里維特已經不再是由基思・默多克委任的那個一貫正確的導師，默多克要自己當家做主了。

不斷增加的財富令默多克的野心日益膨脹，在他打敗第一個目標《郵報》後，他的下一個目標是爭取由聯邦政府分配的電視廣播執照。這次挑戰對他來說，才是更具有吸引力和誘惑力。

如何才能得到電視執照成了他的當務之急。為此，他兩度出國考察，參觀國外的電視臺。考察期間，他突發靈感，應該辦一份電視節目週報。結果，類似美國《電視指南》的《電視週報》應運而生。此刊後來竟成了默多克在澳洲創辦的營利最豐的出版品，被列入澳洲歷史上最成功的出版品之一。

經過精心的調查和準備工作，在阿得雷德舉行的聽證會上，默多克從公眾和經濟角度，詳盡地論證了開設商業電影片道的可取性，他的觀點明確，論據確鑿，論證合理，留給廣播管理委員會極為深刻的印象，但是廣播委員會仍沒立即把執照發給他。

隨著大選的到來，謀求連任的政府尋求大報團的支持。1958 年 10 月 13 日，廣播管理委員會宣布 9 頻道由南方電視公司掌握，新聞公司握有

其 60% 的股權。因為默多克的願望是贏得獨家電視執照，因此他並沒有感到滿足。50 年代後半期，新聞公司為默多克賺了足夠的錢，默多克感覺阿得雷德已經太小、太擁擠了，已經不適合他發展了。

雪梨的新聞採訪一直是報界最殘酷的戰場之一。當默多克來到時，它仍被 3 個集團所控制。費爾法克斯和帕克家族是最大的兩家，第三家要小得多，由諾頓家族控制，他們擁有《每日鏡報》和《星期日鏡報》。默多克知道雪梨的這些權勢排外意識很強，他祕密地來到這個城市，委託一位雪梨的商人朋友約翰‧格拉斯，出了極高的價錢買下了一家名為《坎波蘭報》的公司，該公司每週發行了 40 萬份市郊報紙，交易完成後，人們才知道真正的買主是默多克。

但是默多克並不會就此罷休，他想要的是雪梨的大報。當時費爾法克斯集團董事長亨德森因為《鏡報》經營不善，走下坡路，亨德森想要更多的錢投資到雪梨的「Ｔ頻道」電視臺。加之亨德森似乎覺得默多克這個「孩子出版商」沒什麼威脅，儘管費爾法克斯家族的成員反對，亨德森仍然把《鏡報》賣給了默多克。由於當時《鏡報》境況很不好，因此，亨德森認為默多克很快就會破產。

然而，事實證明了亨德森是錯的，默多克開始將一些美女照片和一些充滿性描寫和色情的報導，代替了那些有關宗教和深奧的內容。同時又從阿得雷德帶來了「促銷王子」的格拉姆‧金，《鏡報》迅速取得了成功，但是默多克也遭到了人們的譴責，甚至包括他的母親伊麗莎白女士。

默多克苦心經營《鏡報》時，他的真正意圖是打入雪梨的電視業，因為阿得雷德的電視業已經替他賺了大錢，商業電視臺簡直就是「印錢的許可證」。但是雪梨的廣播控制委員會並沒有把經營許可證給默多克，

默多克

　　默多克沒有放棄，他決定以其他方式打進雪梨的電視業。他從雪梨南邊 60 英里的一個叫「臥龍崗」的鋼鐵和煤礦小鎮，買下了一家正深陷困境的電視臺——「WIN4 頻道」。從理論上，雪梨南面整個地區都能夠收到 WIN4，但他們必須調整天線。默多克花了 16 萬英鎊買下了「臥龍崗」的 32 萬股。他很快明白，難題在於節目。他立即打電話給紐約廣播公司（ABC）的朋友李奧納多‧戈德森，然後直飛那裡。當時在澳洲電視公司中有個君子協定，沒有一個公司每小時的節目付費超過 6,000 美元。

　　ABC 公司告訴他，如果這樣做，他們今後別指望在澳洲賣出一個節目。默多克同意 1,000 萬英磅，他得到了 ABC 公司 2,500 個小時的節目，為了證明不毀約，默多克首先支付給 ABC 公司 500 萬美元。連 ABC 公司的執行經理哈里‧普萊特都說：「他是個痞子」。

　　回到雪梨後，默多克公開了他的挑戰，宣告不再理會有關部門對他的「臥龍崗」電視臺的限制。《鏡報》大肆刊登廣告宣傳「4 頻道」。默多克在他自己的雜誌《電視時代》上撰文：「在雪梨有兩百萬電視觀眾可以收到 4 頻道的節目，我們應該跟在他們的後面。」

　　毫無疑問，挑戰成功了。透過這件事使默多克認知到，對於傳媒業來說，電視節目，也就是人們稱之為的「軟體」，是最重要的。從此以後，他一直在努力拼湊一個軟體帝國，並在世界範圍內同歐洲和美國最大的公司競爭。

　　1964 年 7 月 14 日是默多克迄今為止仍最難忘的日子。他在首都堪培拉，辦了澳洲第一份全國性的報紙《澳洲人報》。這是一份大版面報紙，宣稱其目的是「讓全國了解堪培拉，讓堪培拉了解全國。」這份報紙是一份嚴肅的報紙，它至今仍保留著這種風格，而且在以後多年裡一直虧錢。這一項充滿勇氣的事業使默多克贏得了許多人的尊敬和愛戴。當時

人們說，默多克創辦《澳洲人報》是為了安慰他母親伊麗莎白女士，據說她為兒子的那些報紙，尤其是《鏡報》淫穢不堪的內容感到尷尬和羞恥。但是默多克認為這純屬無稽之談。

默多克的成功也犧牲掉了他與帕特和女兒相處的時間。長時間的分居使他愛上了一個在《每週鏡報》實習的年輕女記者安娜·托爾夫。安娜出身貧寒，經歷坎坷又天生麗質，談吐不俗。她是在採訪默多克時和他相識的。默多克後來說：「我認為她是好姑娘，她的寫作技巧是我從來沒有見過的。」而她從一開始就發現默多克非常有吸引力：「像一股清風，誘惑力難以抵擋。」

與帕特的離婚是痛苦的，尤其是女兒普魯登斯·默多克。默多克獲得了女兒的監護權。他和安娜帶著女兒去了倫敦，而帕特後來與一位理髮師結了婚，去西班牙生活，但是婚姻再次破裂，她回到阿得雷德，默多克一直幫助著她。

對於默多克這樣的人來說，小小的澳洲不會滿足他那永無止境的野心。實力逐漸壯大後，他決定向英格蘭「進軍」。他的好友史蒂芬·卡託成了他的「進軍」嚮導。

世界新聞公司自上個世紀成立開始，一直由卡爾家族控制，《世界新聞報》(News of the World)便是默多克的「進軍」歐洲的契機。它是英國歷史最為悠久、最大眾化的報紙之一，常被人們稱為「恐嚇新聞」，是英國最為淫蕩、好色的週報，專門刊登有關淫蕩的牧師、同性戀者、亂倫、處女的新聞。該報的體育版非常出色，是英國最成功的報紙之一，發行量最高時候達 850 萬份，1968 年仍然有 600 萬份。

但是默多各並不打算只是做一個合夥人。收購戰鬥一結束，他馬上就脫去了「遊俠」和「騎士」的外衣，變成了另外一個人。

默多克

很快，默多克控制了股票的49%，他的「尖齒」終於露出來了。他著手整個地改變報紙的結構和人員，並解釋道，這是急需的，因為卡爾的管理方式是「過時的」、「不成功的」。他說，作為新的行政負責人，他必須對股東有所交代，確保公司保持良好的狀態，能夠盈利。

默多克讓克利弗·卡爾靠邊站，並且開始淘汰職員，在人事上大作調整。卡爾·威廉爵士的女兒薩拉·卡爾說，那些與卡爾家族有關係的人都被清理掉了。

默多克接下來又採取了新的行動。他在書面上許諾，向股東們保證威廉爵士將留在董事長的位置上。結果默多克驅車到卡爾的家中，當時卡爾在家中養病。他告訴卡爾，他希望他讓出這個職位，而卡爾病得實在是無法抗爭，只好極其不情願地接受了默多克的最後通牒。

就這樣，卡爾家族的「看家寶」被默多克吞進了自己的肚子裡。

全球影響力

1970年在獲得永久居住權後，默多克便開始了在美國的戰鬥。儘管默多克在倫敦賺了很多錢，但是他和妻子都明顯感到他們被看作是被英國社會所排斥的人。不管默多克做什麼，不管他力求與英國社會和政治頂尖人物交往，默多克一家不被看作是英國的重要公民。

默多克發現澳洲太封閉，而英國又太悶熱、乏味，尤其是自以為是。這兩個地方都不能容納他擴張的生活方式和雄心。他開始想到美國，他經常到美國旅行。紐約歡迎這對富裕、瀟灑、並帶有澳洲口音的夫妻。

全球影響力

兩年來，默多克一直想在美國扎穩根基。他知道，如果在美國沒有強大的影響力，是不可能在英語世界建立起一個傳媒帝國的。除此之外，無論是對於他還是對於安娜來說，在英國的經歷一直充滿了痛苦。儘管《太陽報》(The Sun)繼續呈上升的態勢，但是印刷工會也越來越強硬，令人很是煩惱。在他們看來，工會頭頭們也屬於英國正統勢力的範圍，他們與政府官僚們一樣，都是些媚上欺下的偽君子。

就在此前不久，默多克的《世界新聞報》揭露了首相洛德·蘭普頓與一個妓女之間的色情醜聞。這個事情被詳細報導後，默多克本人和報紙都受到了嚴密的監視。蘭普頓的事還沒有徹底過去，又發生了另外一起事件。這次是安娜，她在開車時，不幸撞倒了一個老婦人，並直接導致了她的死亡。這雖然是一起偶然事件，並且驗屍官的報告也是這樣說的。但是安娜卻受到了極度的驚嚇，陷入了深深的悲痛之中。安娜覺得，自從她來到了英格蘭之後，悲痛似乎總是在伴隨著她。因而，她只有轉移到「新世界」，才有可能擺脫這些煩惱。

1973年，默多克進行了他跨越大西洋的第一次重要旅行。這一方面是為了讓安娜散散心，另一方面是想在美國建一個「橋頭堡」。默多克在德克薩斯州完成了他在美國的第一次收購活動。他買下了聖·安東尼奧市的3份報紙，即聖·安東尼奧的《快報》、《新聞》和它們聯合出的一份《星期日副刊》。

默多克選擇聖·安東尼奧的理由很簡單，因為當時那裡有他想買而且又買得起的報紙。這時，他已經有相當的實力了，因為《太陽報》和《世界新聞報》都帶給他豐厚的利潤。他曾經在紐約和華盛頓了解了一些報紙、雜誌，包括華盛頓的《星報》，但是都不太合適。不過聖·安東尼奧對於他來說，確實是在美國開展事業的一個好地方。這是一個陽光充

裕的小城鎮，很像澳洲某些人煙稀少的內陸地區。在這樣一個多少有些荒涼，又不修邊幅、漫不經意的地方，默多克似乎找回了從前的感覺。

當然，他更感興趣的還是聖·安東尼奧的報紙，這些報紙都是哈特·漢克斯報紙公司的資產。早報《快報》發行量大約百萬份，晚報《新聞》的銷售量是 6.3 萬份，它們聯合辦的《星期日副刊》的發行量約是 13.5 萬份。

《新聞》的主要競爭對手，是一份叫《真理》的晚報。《真理》的格調也不高，每天的發行量大約也是 13.5 萬份，它的老闆是赫斯特公司。這樣一來，默多克將再一次按著他喜歡的方式做：先攻擊一個城鎮，然後買下一份相對較弱的報紙，以對抗那份相對較大的報紙。這已經成了默多克特有的模式了。

與此同時，默多克在美國發行了他自己的全國性報紙《國民之星報》。

1979 年 11 月 20 日早上，默多克大步走進《墨爾本論壇報》當年他父親的辦公室。就是在這間辦公室，當年還是孩童的他，第一次走進了報紙和新聞業的世界，也是在這裡，他領略了他父親的權威。他告訴《墨爾本論壇報》的董事長，他打算買下這份報紙。在這裡，在漫長的 1／4 個世紀之後，他試圖收回他父親花費了畢生心血所創下的基業。《論壇報》一直是他們家庭精神的一部分，但是它也一直在反對他。自從他父親去世後，它就成了默多克的敵人，它和費爾法克斯家族聯合在一起，無處不在，處心積慮地在遏制他的發展。

默多克在試圖大規模地擴大他的集團的時候，轉回來想重新奪回他孩提時代的記憶。他現在的財源主要來自倫敦《太陽報》的利潤，這家報紙仍然在以各式各樣的小道消息、花邊新聞和袒胸露背的漂亮姑娘照

片，繼續贏得大量的讀者。在 1978 年，《太陽報》最終超過了《鏡報》的發行量，每天達到 400 萬份以上。儘管在管理階層和工會之間總是有這樣那樣的問題，《太陽報》現在是默多克帝國的資金寶庫。在 1979 年，報紙的稅前利潤又比上年增長了 700 萬英鎊，從而到達了 2,500 萬英鎊。

因為安娜的壓力，默多克把注意力轉回到澳洲。

到這個時候，默多克已經成為澳洲一個非常有爭議的人物了。這主要是因為他的政治觀點改變了。在 1972 年，他的報紙支持高弗·懷特蘭的工黨贏得了大選。但是默多克對懷特蘭的社會主義政策和反美國情緒非常不滿。

1975 年，發生了憲政危機，當時的總督解除懷特蘭的職務，並安插了懷特蘭的反對者馬爾科姆·弗拉澤（Malcolm Glazer）。這引起了澳洲左翼人士的憤怒，並出現了美國中央情報局干涉這個事件的流言蜚語。在隨後的選舉中，新聞公司強烈地反對懷特蘭。報紙的記者們為此舉行了罷工以示抗議，因為他們看到了一些歪曲事實的新聞故意中傷懷特蘭。這一次爭吵嚴重地損害了《澳洲人報》和它在這個國家的地位，許多人從來都沒有原諒過默多克。從現在開始，他們把他看成是一個美國的代理人。

隨後。默多克開始進駐賭博業。到了 1980 年代初期賭博業的規模越來越大，已經成為國際娛樂行業中一個重要的組成部分。英國最大的賭博公司之一維農斯公司打入了澳洲，它的老闆羅伯特·桑格斯特與新聞公司做了一筆交易。桑格斯特認為默多克是他的一個天然夥伴，因為他擁有分銷網路、行銷知識和印刷工廠。1974 年，他們獲得了政府頒發的唯一的一份經營許可證，在四個州和堪培拉經營足球博彩業務。

1977 年，他們聯手打入了美國的賭博業。當時紐約州想發展一種新

式的小額賭博業，桑格斯特和默多克聞訊參加競爭這個項合約。他們選擇了普林斯頓大學的一個思想庫作為合作夥伴。這家思想庫由美國的博奕理論家奧斯卡·莫根施特恩（Oskar Morgenstern）所建立。他們聯手贏得了整個紐約州的「勞託」博彩經營權，世界上非常流行的新式賭博。

1979年11月，他又去試探他父親的老報紙《墨爾本論壇報》，他出價每股4澳元，要求買下50%的股份。

11月21日，《澳洲人報》發表了一篇專稿〈默多克準備進行最大的征服〉，另外一篇是〈長期的鬥爭之後，實現夢想的機會〉，報紙上還附上一張默多克的母親伊麗莎白女士的照片。

一片騷動過後，《墨爾本論壇報》的經理們轉而去找它的老對手、現在的夥伴約翰·費爾法克斯和他的兒子們。費爾法克斯決定抵抗默多克，然後他自己開始買《墨爾本論壇報》的股票。默多克起初沒有想到自己會遭到這麼激烈的抵抗，善於見風使舵的他就開始出售股票。但是他躲在暗處，僱了一些經紀人去賣。而費爾法克斯等人使勁地買，他們認為默多克也搶著買。事實上，他們所買的股票是默多克祕密出售的。

很快，《墨爾本論壇報》的人以及費爾法克斯家族的人意識到他們做了一件蠢事。在短短的幾天功夫，默多克就賺了300多萬澳元的利潤。然後他宣告，他不打算買《墨爾本論壇報》了，報紙的股票價格馬上就跌落下來。即使如此，費爾法克斯家族還是覺得，他們所遭受的巨大的損失是值得的，因為不管怎樣，他們阻止了默多克進入墨爾本的報業。默多克指責費爾法克斯和《論壇報》之間的合夥聯盟，說他們狼狽為奸，損害了股東們的利益。

在1979年的選舉中，《太陽報》公開地站出來，高聲支持馬格麗特·柴契爾夫人（Margaret Thatcher）和保守黨人，為他們大唱讚歌。柴契爾

夫人贏得了選舉。在隨後的十多年時間裡，這份報紙一直保持著對她的忠誠，其忠心耿耿實屬罕見。而這種忠心也得到了獎賞，在整個1980年代期間，默多克和柴契爾夫人彼此相互鼓勵和相互支持。

1981年2月默多克終於坐上了《泰晤士報》第一把交椅的位置，完成了他多年的心願。

《泰晤士報》和《星期日泰晤士報》(The Sunday Times)是兩份形式迥異的報紙，也是英國兩份最著名的報紙。長期以來，《泰晤士報》一直是英國最有影響力的報紙，是「正統勢力的黑板報」，但是這份報紙發行逐年下降，而且多年虧損。此間，兩份報紙皆屬於湯姆遜集團。1980年間，印刷工會繼續經常中斷報紙的出版，製造各種麻煩。《泰晤士報》嚴重虧損，到秋天虧損已達1,500萬英鎊。肯·湯姆遜佩服他父親對報紙的熱愛，但是他實在不明白，他是如何彌補報紙的虧損的。恰在這時，記者們還起來罷工要求增加薪資。對於湯姆遜來說，簡直受夠了。如果記者們也不忠誠，那他為什麼還繼續自尋煩惱呢？

1980年10月22日，湯姆遜把報紙推出來賣，他讓一家投資銀行來負責出售，投標日期截止於12月31日。如果沒有合適的人來買它，報紙將在3月初關閉。當然這也不是他們所想看到的，因為這意味著公司必須支付3,600萬英鎊的補償金。

有可能買下《泰晤士報》的人很多。這其中包括洛德·羅斯莫爾，他是老報王諾斯克利弗的後裔，現在是聯合報業集團的老闆，擁有《每日郵報》。另一個人是《電訊報》集團的老闆洛德·馬修斯。還有野心勃勃的羅伯特·馬克斯韋爾──佩爾加門出版公司的老闆，他對任何一份報紙都喜歡插上一腳。大西洋富田公司也是一個候選人，這家美國的石油公司曾經和默多克競爭《觀察家報》，最終得手。然後就是默多克了。以

默多克

前他一直說他將「永遠」不會買《泰晤士報》。當出售的計畫剛公布的時候，他說他沒有興趣。他手頭的事情已經夠他忙了，而《泰晤士報》是一個「充滿危機」的漩渦，是可能會咬傷自己的「一條蛇」。

默多克也知道，自他在1960年買下《太陽報》以來，英國的報業規則已經發生了變化。他已經是一份英國報紙的老闆了，這意味著如果他試圖再買下一份報紙，他投標的報價必須要通過壟斷與兼併委員會的檢查，這可能要花費很長一段時間，而且可能會不通過。然而，這也有一個漏洞，如果考慮到報紙肯定是不賺錢的，而且有關閉的威脅，一個已經有一份報紙的老闆的投標就不會受到挑戰。這是一個關鍵的問題。

在12月初，在倫敦的投資銀行家洛德‧卡託的公寓裡，他遇到了《泰晤士報》的執行編輯戈登‧布倫頓。布倫頓和默多克早就認識，他們過去常在報紙出版商協會的會議上見面。這個協會是一個報紙老闆的組織，他們曾企圖聯合起來對付印刷工會，卻徒勞無功。布倫頓曾經說過，默多克是很少的能夠信守諾言的出版商之一。布倫頓是一個管理者，而不是一個記者，他敬佩默多克的商業頭腦，把他視為一個值得尊敬的人，他希望默多克買下報紙。相反地，他瞧不起馬克斯韋爾，也不信任羅斯莫爾，這兩個人顯然也是頗有實力的候選人。

默多克就在湯姆遜定下的12月31日這個最後的界限之前，跨進了門檻。他出了一個價，100萬英鎊。和其他的投標者一樣，默多克也知道，如果交易沒有達成，湯姆遜家族將不得不在3月分關閉報紙，並且將負責支付鉅額的補償金。

1月21日，由湯姆遜家族的人組成的一個小組委員會開了一個會，審查、會診默多克的新聞態度。他們當中包括3位全國性的主編：著名的歷史學家洛德‧達克萊、經濟學家洛德‧羅爾和鐵路工會的領導人之一

的洛德・格林。另外一個顧問洛德・羅本斯在國外。參加會議的還有丹尼斯・漢密爾頓、埃文斯和里斯莫格。

當默多克進來的時候，埃文斯說他首先注意到的是默多克剛剛用手整理過自己的黑髮。默多克幾乎是躡手躡腳地走進來，說話的語氣非常平和，就像一個人到醫院探視一位朋友一樣。

漢密爾頓告訴他，《泰晤士報》有很高的要求。然後默多克告訴他們關於自己的一切。他說他從他父親那裡學得了編輯自由的傳統，並且運用它為不同的市場出版不同的報紙。他醉心於那種虧損的報紙。「看看《澳洲人報》。」他說。他希望幾位顧問為他推薦主編。他講話很有信心，卻又不狂妄，整體而言，他對自己頗為自信。

令人吃驚的是，默多克答應了他們的每一個條件。這裡將會有 6 位全國性的理事，而不是 4 位。他們將批准主任編輯的任命。漢密爾頓強烈要求《泰晤士報》應當保持獨立性，與默多克的國際新聞公司分開，也不能到《世界新聞報》和《太陽報》的下面。經過短暫的考慮，默多克也同意了。他還答應，報紙的政治政策將由編輯們確定，其他所有的事情編輯也有權決定。經過了 4 個半小時的討論，他接受了所有的條件，委員會的每個成員都非常感動。

當然，他的報價顯然還不能說是湯姆遜所收到的最好的。羅斯莫爾僅為《星期日泰晤士報》就出價 2,500 萬英鎊，如果他必須再買下《泰晤士報》，將再加上 2,000 萬英鎊。但是，他堅持他必須保留權利，如果他願意的話，可以關閉《泰晤士報》。而與此同時，默多克最初的標價才只是 100 萬英鎊，然後增加到 1,200 萬英鎊，但是他說明這不包括報紙的辦公大樓，這項資產的價值大約為 1,800 萬英鎊。

最後的結果令默多克滿意，他們出了 1,200 萬英鎊的價錢，得到了

默多克

《泰晤士報》。他應當高興,僅《星期日泰晤士報》在格雷斯蔭路上的辦公大樓,就值他為整個公司所付出的價格的一半。默多克還保留這個權利,如果這項交易被提交給壟斷和兼併委員會,他可以撤出。

第二天,默多克出現在一個新聞釋出會上。他的兩側坐著里斯莫格和埃文斯,他被丹尼斯‧漢密爾頓視為當今世界上最偉大的報紙出版商之一。

在默多克與工會做一筆交易之前,購買報紙還不能算是完成。但是,工會方面幾乎是在焦急地等待他的到來。全國繪圖協會的一個領導人喬‧瓦德讚揚了這一項交易。他說,據他了解,默多克是粗魯的,但也是公正的,不會把工會推開太遠。最後,默多克同意裁減大約 700 人,而《泰晤士報》的文學、教育和其他輔助報紙和書籍,將在倫敦城外面印刷。

默多克的這筆交易做得十分漂亮。全國性的幾個理事對他的限制不算是一個問題,他仍然可以任命他自己的主編,而投票表決將是不可能的,如果他想這樣做的話。他確認這個價格相當於「偷竊」:「我們所付出的價錢不到它的無形資產價值的一半。」

在收購《泰晤士報》的過程當中,默多克表現了他非凡的商人才能。而且 1983 年是默多克事業中關鍵的一年,他跨入平面媒體報業,創辦了英國天際廣播公司電視臺,進入了立體媒體。

1987 年 7 月,默多克正式「重新發行」《論壇報》,這樣就展開了一場價值數百萬元計的廣告大戰。

現在的默多克對其他人來說,是無敵的,是難以戰勝的。因此他的目光開始投向世界各地。

1986 年年底,默多克超支付 2.6 億澳元買下《南華早報》。它是香港最賺錢的日報,也是亞洲最好的報紙之一。香港滙豐銀行總裁米契爾‧

桑德伯格說：「默多克曾經告訴我，他將《南華早報》看作是東南亞的《泰晤士報》。」

在美國，默多克管理著降低了融資成本、他那剛剛誕生不久的電視網路福克斯公司。新聞公司發行了價值10億多美元的優先股票，已經償還了大部分，其餘的部分也可望被很快地買下。它所借貸的資金的利率從13%降低到7%。但是這些電視臺中，有7家的情況並沒有先前猜想的情況好。

福克斯廣播公司畢竟缺少經驗，實際的影響還很不夠。在好萊塢，巴里·迪勒（Barry Diller）在談論著所謂的「反節目」。他在尋找能夠吸引年輕人的節目、新的電視劇，像《小困惑》、《九到五》。福克斯為它的電視網生產節目，這些節目也出售給其他傳媒企業，獲得了成功。但是《小困惑》、《九到五》這兩個節目都不如老電視連續劇《馬什》有名，這個節目是福克斯公司在1970年代和1980年代初期為CBS生產的，它至今仍然是電視劇中的佼佼者，為新聞公司賺取了至少2,000萬至3,000萬美元的現金。

娛樂業在1980年代中期，已經成為美國產業僅次於航天的第二大出口行業。電影、電視等攻占了大部分的世界娛樂市場。國際文化形象已不再是莎士比亞（Shakespeare）筆下的哈姆雷特，而是美國的好萊塢。正如英國的《經濟學家》評論的，美國在娛樂業方面的影響，就如同沙烏地阿拉伯在石油中的地位。好萊塢的電影製作，是最大的「噴泉」，娛樂業的中心。

默多克意識到，對於他的帝國來說，娛樂業和電子媒體比新聞和出版更為重要，決定著帝國未來的命運，因為新聞本身在商業上是無法生存的，它必須靠娛樂來支持，這使得他們更多地轉向娛樂業方面。他越來越渴望獲得一家好萊塢的主要電影製作廠家。1981年，福克斯從他手

默多克

中「逃脫」後,他又突襲了華納媒體公司。

1982年,華納媒體公司的股票價格高達63.25美元一股。1983年初,出售華納的電子遊戲部門阿特利面臨倒閉。這直接導致了它的價格急遽下跌到20美元以下。

1983年8月,史坦利·沙曼帶默多克去見正在度假的史蒂夫·羅斯,默多克提出要買一些股票,羅斯沒有拒絕。因此,默多克就著手做這件事情,在短期內籌集了一筆錢來購買華納公司的股票,當然,這些錢主要是由新聞集團公司從英國的銀行借來的,默多克常常採用這種辦法擴大帝國規模。

9月分,默多克持有的股票,占了華納媒體公司全部股票的不到2%,還遠少於5%。根據美國的法律,如果到了5%,證券和交易委員會要求買主申報他的情況,買主可以取得公司的控制權。華納公司那年最後一個季度的虧損仍在增加,默多克繼續購買股票。1983年12月,他又花了9,800萬美元收購該公司股票,現在他已經擁有公司股份的6.7%,比史蒂夫·羅斯的還多,而且也比華納公司董事會成員股票總額還多。在他向證券和交易委員會填寫的申報報表中,他強調他不準備控制公司,甚至不想在董事會謀求一個席位。他告訴《紐約時報》說:「它僅僅是一項投資。」他不想接管華納公司。

此時,有點驚慌的羅斯試圖警告默多克,讓他離遠點,並告訴他,他的狂購股票的行動「可能對華納公司與某些人的關係方面造成不利影響」。換句話說,因為默多克的為人和聲望,使得這個公司的一些好萊塢電影明星及一些經理不想與其一起工作,但是默多克自然不會理會他。

默多克的股份越來越多,羅斯擔心這樣會危及公司在紐約和波士頓的有線電視臺。到12月底,克利夫——克拉夫工業公司宣布計劃購買

華納公司 25% 的股份，而華納公司將得到克利夫——克拉夫工業公司的一個子公司 BHC 的 42.5% 的股份，BHC 是美國第四大非網路電視公司。這個交易打的幌子是：根據美國法律，像默克多這樣的外國客戶不允許擁有美國電視臺的 20% 的股份，這完全是出於國家安全的角度考慮限制外國人。這個協議不僅削弱了默多克在華納公司中原來持有的股份，同時也阻止了他強行購買華納公司的打算。

默多克立刻做出了反應，向證券和交易委員會遞交了一份申訴書，然後他走上德拉瓦州的威靈頓法院。他控告華納公司與克利夫——克拉夫工業公司之間的互換股票行為，違反了證券和交易委員會有關「交叉所有權」的規定。最後這個申訴沒能實現。

1987 年 12 月 22 日參議院通過一項法案，這個法案終於使默多克的《紐約郵報》關了門。

即使默多克知道將不得不出售《紐約郵報》，但是他仍然拖延著。隨著這個可怕日子的來臨，他變得越來越消沉。新聞公司董事會中沒有一個人要他保住《紐約郵報》。默多克趕走了大多數試圖來買報紙的人，就如同一個父親拒絕女兒的求婚者一樣，他認為這樣的競標者不值得信任，另一個是出不起錢，僅僅是想出名而已。最終，他還是把報紙賣給彼得·卡里科夫。

傳媒帝國達到巔峰

1994 年，默多克的新聞公司已經一躍而成為世界第三大傳媒企業，僅次於時代——華納和德國的貝特爾斯曼公司。

默多克是第一個在全世界經營著新型媒體跨國公司的建立人。

默多克

在澳洲，默多克占有報紙發行總量的 70%，並在一家全國性電視臺擁有 15% 的股份。

在英國和愛爾蘭，他的衛星有線電視臺約有 300 萬個使用者，他的新聞廣播電臺在整個西歐都能收聽到。在倫敦，他透過自己的《太陽報》、《泰晤士報》和《世界新聞報》影響著輿論。

在美國，他的福克斯電視網勢頭正猛。他的發行量達 17,000 萬份的《電視指南》(*TV Guide*) 是世界上最大的電視節目報。

在亞洲，他的衛星電視向 39 個國家播送節目，觀眾可達 27 億。衛星電視的一個子公司在印度的大電視臺 Zee TV 擁有 49% 的股票。

世界人口的 2／3 能看到默多克電視臺的節目。他的帝國橫跨五大洲，從 1993 年秋季起，他的天際電視新聞網已包括非洲在內。

這位媒體帝王在全世界出售約 150 種報刊雜誌，每週的發行總量超過 6,000 萬份，在全世界首屈一指。默多克早就放棄了他自己曾宣布的，只發展英語國家業務的限制，他正著手全面擴張，超越政治和前言的界限。他說：「新聞公司必須真正成為國際性的集團。」

在默多克新聞公司的步步緊逼下，其他媒體公司被迫採取聯合行動，從而引發全球媒體大混戰。如迪士尼公司購買美國廣播公司 (ABC)，時代公司購買特納廣播系統有限公司，西屋電氣公司出價 54 億美元購買哥倫比亞廣播公司 (CBS) 等等。

1994 年，他在英國發起了一場價格大戰，他把自己的《太陽報》和《泰晤士報》價格大幅度降為 20 便士，使零售量猛增。他的競爭對手《每日電訊報》(*The Daily Telegraph*) 和《每日鏡報》(*Daily Mirror*) 也不得不降價，形成一種你死我活的競爭場面。有人說：「默多克是威脅我們大家的海怪。」

默多克向他的英國天際廣播公司投以巨資開發衛星服務。在 1989 年到 1993 年間可能損失了 12 億美元，主要是他向「英格蘭超級聯賽」支付了 4.5 億美元的電視轉播權，轉播「英超」，英國天際廣播公司現在有 400 萬個客戶，1994 年頭 9 個月，它的營業額高達 8.9 億美元，利潤為 1.6 億美元。

默多克的新聞公司在 1996 年 7 月對新世界通讀集團股票的通盤收購，使新聞公司成為美國最大的電視傳媒集團。新聞公司從新世界集團得到福克斯 22 個分支機構中的 10 個，這給予默多克一個更大的發展空間，使默多克更能控制新聞節目的轉播和改進。在美國 10 個頂尖的娛樂市場中，有 9 個歸屬福克斯，在美國 9,990 萬電視家庭中，福克斯占有 40% 的份額。

已進入花甲之年的默多克坦言自己的目標是「國際化」。1995 年，他的 20 世紀福克斯電影公司生產的影片，導演分別來自德國、荷蘭和美國，可謂人才濟濟。生產的影片有《好漢不死》等。默多克認為電腦、衛星和光纜把世界「變小了」，也變得更和平了。

默多克說過：「人們彼此了解越多，就越有可能讓世界走到一起，有可能把不同文化國際化。可以先介紹音樂，或許只是體育，如每 4 年一次的奧運會就把人們帶到一起。現在一開啟電視機，人們往往看著同樣的體育節目，每天人們就是這樣被連繫在一起。多了解別國的文化，這對世界有益，因為這個世界的災難實在太多了！」

儘管這個帝國如此輝煌，然而在亞洲傳媒市場，新聞公司一直沒有占領較大的份額。於是，亞洲成了他事業的又一個新的衝擊點。

1991 年，以香港為基地的衛星電視臺的開播，代表著亞洲進入了電視衛星廣播的新紀元。

默多克

　　1993年，默多克突然做出了一次重大的收購行動，他花5.25億美元買下了「衛星電視」64%的股份而打入了亞洲。

　　默多克承認他在亞洲的策略是「高風險的賭博」。他在印度已經開始出售電視節目了。但是在亞洲，默多克的意圖受到了嚴格的限制，其原因是其出於天真和對亞洲各國國情的生疏，竟然聲稱透過衛星傳輸資訊可以「顛覆獨裁政府」，這種企圖利用傳媒干涉別國內政的行為必然引起許多亞洲國家的反感。

　　1996年對於默多克來說，又是一個不平常之年。6月20日，在東京的一次記者招待會上，默多克和日本的軟體銀行公司老闆孫正義向記者披露，雙方聯手成立合資公司，各出資208.75億日元，一舉買下日本朝日電視臺21.4%的股票，成為日本著名民間電視臺的最大股東。日本輿論驚訝：「日本廣播電視的閉關鎖國狀態終於被打破了。」

　　「默多克在繼歐洲、美國之後，終於把觸角伸向了日本」。

　　為了讓帝國永不敗落，默多克緊跟高科技的步伐。默多克的生意眼光比誰都老到，他先從報業的平面媒體起家，慢慢地走向立體媒體電影電視，當電腦第三波的衝擊來到時，他又立刻毫不猶豫地殺入電腦光碟世界，成立了「新聞多媒體公司」。

　　永不滿足的收購和兼併是默多克的一大嗜好，在一次次迅疾如風的閃電戰中，他不斷吸引著世界輿論的關注。1998年初《全球財經》將默多克評為影響全球金融業的巨人之一。作為一個擁有價值約240億美元資產，遍布於全世界300多家子公司的巨型跨國公司的總裁，對於這個稱譽，他當之無愧。

比爾蓋茲

比爾蓋茲

酷愛閱讀的少年蓋茲

1955年10月28日,「微軟之帝」比爾蓋茲(Bill Gates)出生於美國西雅圖,這是個善於創造奇蹟的人物。他最先把電腦軟體產業化,他創造出了從系統軟體到應用軟體,從電腦的簡單功能到多媒體技術,從單機應用到資訊高速公路等一個又一個的技術奇蹟。可以說,他是西雅圖的驕傲。

排行老二的蓋茲,有一個姐姐和一個妹妹,他是父母唯一的兒子。還是小嬰兒的時候,蓋茲就喜歡騎在木馬上搖啊搖的,直到長大成人,每當要承受巨大的壓力或者專心思考什麼問題時,他仍會不時地搖著身下的椅子。

在父母的影響下,蓋茲從小便看了許多書,並養成獨立思考的習慣。蓋茲成天泡在書堆中,正是這些書開啟了他通向理智世界的大門,為今後他那種以觀念致勝的事業打下了牢固的基礎。當他才7歲的時候,他最喜歡讀的就是那本《世界圖書百科全書》(*World Book Encyclopedia*),他經常連續幾個小時閱讀這本大書,一字一詞地從頭讀到尾。據蓋茲的父母後來說,就他們所認識的孩子而言,還沒有見過哪位少年對《百科全書》有蓋茲那麼大的熱情和偏愛。

小蓋茲有著非凡的聰明和驚人的記憶力。當他還是一個11歲大的孩子時,家人帶他到教堂做禮拜。他竟能利用坐在車上的一小段時間記熟整段的《馬太福音》(*Matthew*),然後把它完整地背誦出來,令許多大人感到驚訝不已。

蓋茲一直是個沒有多大耐心的人,從小便很容易對事情感到厭倦。求學時,他可以用任何一隻手來記筆記,一隻手用得無聊了,便改換另

外一隻手，覺得這也是一種小小的挑戰。

喜歡挑戰的蓋茲興趣廣泛，一會兒學拍馬屁，一會兒又迷上《百科全書》，他最喜歡閱讀名人傳記，比如羅斯福和拿破崙什麼的。6年級時，他在學校的成績不太好，又常常與母親發生爭執，於是父母決定帶他去看心理醫生，讓他接受輔導。

想不到，與心理醫生交談了幾次，蓋茲又喜歡上了心理醫生給他看的佛洛伊德（Freud）之類的心理學書籍。最後心理醫生對蓋茲的母親說，不要企圖強迫蓋茲遵循傳統的行為模式，他不會成為一個聽話的孩子。為了這句話，蓋茲的母親瑪麗不安了很長一段時間。

隨著年齡的增長，比爾蓋茲又一頭栽進富蘭克林、羅斯福、拿破崙、愛迪生（Edison）等大名鼎鼎的科學家、政治家、軍事家、發明家的傳記中。他說他閱讀這些歷史偉人的傳記是為了了解他們究竟如何思考。後來他也讀文學作品，他最喜歡且印象最深的兩本書是《麥田捕手》（*The Catcher in the Rye*）和《各自的和平》。他還讀科學著作和商貿書籍。

比爾蓋茲內心裡有一個豐富的世界，他從讀書中吸取了大量精神財富，他的行為也自然與同齡人有所不同，小小年紀就表現出非凡的思想。不難發現，比爾蓋茲專注於閱讀超過同齡人的書籍，已經顯示出「成人化」的傾向，他的精神支柱是：讓思想走在年齡的前面。

蓋茲一家常常與朋友一起旅遊，他們舉行多項競爭性比賽，比如接力賽跑、丟雞蛋和搶旗子等，蓋茲在那時便喜歡上了這些競爭性很強的運動，他談生意的精明也是從那時起開始顯露出來的。一次，蓋茲的姐姐收了蓋茲5美元，答應讓他隨心所欲地使用她的棒球手套，蓋茲馬上要求姐姐簽下一份合約，證明自己可以永遠用這副手套，以防姐姐將來後悔。

比爾蓋茲

退學創業

因為對電腦過分的好奇，蓋茲惹上了麻煩。有一天，他闖入了一個受保護的程式，使用者的密碼告訴他，每個使用者有權進入哪些領域，而另一些領域則是禁止進入的。這引起了蓋茲強烈的好奇心，他不顧一切地閃過那些密碼保護卡，進入了主機所在的財務與其他資訊領域。這趟小小的冒險很快被當成侵入機密資訊被人發現，蓋茲的父母勒令他不准再碰電腦。

以後的一年多裡，蓋茲試圖學習做一個正常的人，不再玩電腦。然而很快，他又開始玩電腦和電腦遊戲。在他差不多中學畢業的那一年，他又遇到了一個機會。當時，負責架設西北輸電網路的 TRW 公司的工程師碰到了問題，正在他們試著找出問題所在的時候，他們發現電腦中心公司的一份《問題報告書》寫得非常好。於是他們記下了製作這份報告書的兩位「偵測錯誤大師」的名字：比爾蓋茲和保羅‧艾倫 (Paul Allen)。於是，TRW 公司打電話給他們，希望他們能來面試求職。他們根本不知道，這是兩個 9 年級和 10 年級的中學生。

向湖濱高中請了實習課程的假後，蓋茲與艾倫來到波特蘭，在那裡租了一間公寓，開始了他們為程式設計師約翰的工作。約翰是一位優秀的電腦工程師，蓋茲和保羅在他那裡學習了很多東西。

1973 年，蓋茲高中畢業，湖濱中學的校長為他寫了一封推薦信給哈佛大學。

在這一年的夏天，比爾蓋茲以全國資優學生的身分，同時獲得普林斯敦、耶魯和哈佛大學的入學許可，他選擇了哈佛。在這所全世界著名的學府裡，蓋茲在新的競爭面前保持著他一貫的習慣。他逃課，一連幾

天待在電腦實驗室裡不出來，整晚玩電腦遊戲或者打撲克牌。更讓人奇怪的是，他一直睡在一張沒有鋪床單的床上，不過據他的同學回憶說，好像很少見到他真的躺下來好好睡一覺，他通常可以超過 30 個小時不眠不休。可能連他自己也從來沒有發現原來自己的床上是沒有床單的。

在哈佛，蓋茲結識了主修應用數學的史蒂芬・巴爾默（Steve Ballmer）並成為好友，巴爾默在後來加入微軟，成為微軟公司的總裁。

有一次，蓋茲中學的好友保羅來看他，回去的時候，保羅一個人穿過哈佛校園時，突然發現 1975 年元月號的通俗機械學雜誌的封面上，印著革命性的新微電腦裝備 MITS 阿爾塔 8080。保羅買下這本雜誌，然後衝回去找蓋茲，兩人研究了半天，覺得應該為這臺單純的小機器發展一種程式語言。

保羅說服蓋茲：「讓我們創立一家公司，讓我們一起來，好嗎？」

於是蓋茲和保羅打電話給 MITS 創辦人羅伯茨（Roberts），說他們可以寫出一套可使用程式。羅伯茨是個很精明的人，只要能為己所用他便利用，便答應兩個人的請求。於是蓋茲和保羅回到哈佛，他們利用哈佛的電腦，玩命地寫這套程式。蓋茲和保羅都相信，電腦可以創造奇蹟。他們說：「我們的口號是，每張辦公桌和每個人家裡都有一部電腦。」從 1 月到 3 月，蓋茲和保羅一直待在蓋茲的寢室，他們幾乎不記得寢室的燈何時關過，直到後來，蓋茲還深深為他寫出的那套程式而自豪。「那是我寫過的最酷的程式。」蓋茲這樣說。讓羅伯茨大吃一驚的是兩人用 BASIC 語言編寫的這個程式，在阿爾塔電腦上執行得十分成功。

蓋茲和艾倫首戰告捷，他們把他們編寫的程式賣給 MITS 公司，獲得 3,000 美元另加權利金的報酬。羅伯茨看出了這兩個孩子身上所具有的潛力，他問他們能不能為羅伯茨公司服務，他會提供職位和很高的薪

比爾蓋茲

資。保羅答應了羅伯茨，而比爾蓋茲則又和同學們一起打撲克牌，但是在他的心裡，則總是盤算著自己的前程。BASIC 語言在阿爾塔電腦上執行成功，鼓舞了比爾蓋茲。他覺得哈佛大學的生活索然無味了，一個具有挑戰性的全新領域在向他招手。他決定炒了哈佛的魷魚。迄今為止，大概只有比爾蓋茲敢這樣對哈佛，但這絕不是感性的冒失，而是理性的激情。

當時的比爾蓋茲覺得離開哈佛將是一件十分棘手的事情，不過他沒有迴避這件事，還是硬著頭皮向父母說了他的計畫，說他準備退學，去和保羅‧艾倫成立一個電腦企業。

蓋茲並不想在西雅圖開公司，雖然這裡是他的家鄉，更可以靠近父母。他要到一個叫阿爾伯克基的地方，而在西雅圖人眼中，新墨西哥全是沙漠，到處塵土飛揚，這讓他父母很是傷心。

母親瑪麗拚命阻止兒子的這種念頭，她認為這是一種愚蠢的行為，她希望蓋茲在取得學位之前不要離開學校。哈佛的學位可是多少人夢寐以求的東西啊！

蓋茲的父親也極力反對他的兒子開公司，尤其是在畢業以前。不過，雖然他們極力主張愛子繼續其學業，但是他們也知道自己缺乏關於一個軟體公司究竟屬何物的技術背景與商業常識，要說服而不強制愛子的話，必須另尋外援。

於是他們便把薩穆爾‧斯托姆，這位受人尊敬的領袖人物請出來說服比爾蓋茲。但是令人發笑的是，在與比爾蓋茲交往之中，斯托姆不知不覺被感染了。

蓋茲也談到了他和艾倫共同的前景，個人電腦革命剛剛開始，將來每一個人都會擁有一臺個人電腦。而賺錢的遠景同樣輝煌。或許，將有

無限的機器依靠他們的軟體而運轉。斯托姆不僅沒有勸阻蓋茲打消念頭、中止計畫，相反在傾聽這位十幾歲後生的演說後，他鼓勵蓋茲好好做。他回過頭去說服蓋茲的父母，希望他們支持蓋茲。蓋茲說，為了這件事，瑪麗一直對斯托姆耿耿於懷。直到後來，比爾蓋茲成了億萬富翁之後，瑪麗才逢人便誇獎斯托姆先生的眼力。

在成立自己的公司之前，蓋茲和保羅一直討論著公司的名稱，奧特公司、無限公司等等無數個名字，最後，「微軟」（Microsoft）成了他們共同的選擇。

1975年7月，比爾蓋茲和保羅·艾倫終於將他們久存於心的夢想變成了現實。他們在新墨西哥州的阿爾伯克基正式建立了微軟公司。按照比爾蓋茲和保羅·艾倫當時的協定，公司的權益按個人投入的勞動分配為：比爾蓋茲60%，保羅·艾倫40%。

微軟公司成立後，簽訂的第一個合約，就是把銷售BASIC語言軟體的專利權授予微型儀器遙測系統公司。在這個合約中，比爾蓋茲以其優異的法律知識，精確地規定了軟體的開發者、銷售者和使用者各自擁有的權利。這個合約後來成了軟體專利合約的典範。

要啟動羅伯茨的阿爾塔電腦，就必須具備密度較高的儲存板和快速輸入程式。羅伯茨在自己的機器裡安裝了他設計的4K儲存板，這使比爾蓋茲他們的BASIC語言在電腦上有可能運用。但是這種儲存板的可靠性太差，比爾蓋茲編寫了一套儲存測試程式，用它來檢查這些儲存板時，發覺都不能使用。而羅伯茨拒絕承認這一點，他根本沒有把比爾蓋茲看在眼裡，認為比爾蓋茲對商業一竅不通。

然而，挑戰卻不約而至，加利福尼亞州一名電腦愛好者創辦了一家公司，設計製造了一種質量不錯的4K儲存板和其他一些適用於阿爾塔的

部件，另有一些公司也生產了能與阿爾塔相容的外掛。

羅伯茨勃然大怒，在報上發表文章譴責這些公司，說他們這樣做是「褻瀆行為」，罵廠商是「寄生蟲」、「惡棍」。但是那些人對此未予理睬，有兩個奧克蘭人反而為他們的儲存板公司取名為「寄生蟲公司」。這樣，羅伯茨就只能以比爾蓋茲和保羅·艾倫為他開發的BASIC軟體作為拳頭了。

1976年2月，他們開始編制磁碟BSIC語言。這時，他和保羅·艾倫住進了離微型儀器遙測系統公司不遠的一家便宜的旅館。他用一支筆和一疊草稿紙，花了大約10天時間就完成了編制磁碟BASIC語言的工作。他採用了資料分配的方式來處理磁碟有效空間的分配和管理，這樣一反傳統的做法，大大加快了資料的處理速度。由於磁碟作為一種儲存資訊的方式，有其方便快捷的優點，磁碟驅動器在電腦上得到了廣泛使用，BASIC語言自然也就成了大量應用軟體的程式編制語言。7月，這個磁碟作業系統正式發行，售價200美元。但是，如果同時購買公司的16K儲存板，這個軟體就幾乎免費。當然，這又是羅伯茨慣用的促銷伎倆。

為了促銷，微型儀器公司帶著阿爾塔進行了一次公開演示的公路旅行。公司的幾個硬體工程師擠進了一輛藍色的旅行車，從一個城市走到另一個城市，開始周遊美國，傳播著阿爾塔的資訊。愛好者們很快把這輛車叫做藍鵝。

車上載著阿爾塔電腦，連著一個電傳打字機，裡邊執行著比爾蓋茲和保羅·艾倫的4K版本的BASIC。不論到了何處，演示立刻開始。走到哪裡，微型儀器公司就把愛好者協會或電腦俱樂部辦到哪裡。凡使用阿爾塔機的，就不收會員費。工程師們一路上還修好了許多不能動的機

臺，讓那些失望的人臉上露出笑容。

這種促銷活動很讓比爾蓋茲大開眼界。比爾蓋茲和保羅·艾倫白天做著這樣的旅行，晚上加班做 BASIC。到夏天的時候，他們已經有了一個 8K 記憶體的 BASIC。接著他們又向 12K 或 16K 帶有擴展功能的 BASIC 努力。1975 年夏天，他們與羅伯茨正式簽署了協議，著重申明關於 8080 電腦的配套軟體 BASIC 的使用權利。

19 歲的比爾蓋茲起草了協議，他父親和阿爾伯克基的一名律師幫他完善。

比爾蓋茲不僅懂得複雜的電腦技術，而且懂得涉及軟體協議的嚴格法律條文。這份協議有效期 10 年，給予微型儀器公司獨有在世界範圍使用 BASIC 的權利，包括向第三者發放從屬許可的權利。

這個協議後來引起了訴訟，但是最後訴訟勝利，也完全是靠了這個協議。這說明這個協議的基本點是正確的和明確的。

這個協議在後來看來，最重要的部分是這樣幾句話：微型儀器公司同意全力以赴許可、推進並使 BASIC 商業化，如不能盡力，將構成此協議終止。沒有這句看起來不關痛癢的話，微軟公司就不可能打贏官司。可不要小看了比爾蓋茲的這份協議。在當時，這類的協議幾乎沒有像樣的，因為軟體就沒有像樣的。這份協議後來成了不斷興起的電腦軟體貿易的許可證制度的範本，成為這個行業的法律標準。

這個協議規定每賣出一份 BASIC，如果是隨著硬體一起賣出的，微軟公司收取 30 美元。SK 版本 BASIC 每個複製 35 美元。擴展 BASIC，每個複製 60 美元。如果單獨賣出，微軟公司收取銷售價的 50%。如果使用者需要修改 BASIC，那麼他還得為原始碼付錢，微軟公司還將收取其中一半。

比爾蓋茲

對於比爾蓋茲和保羅·艾倫來說，這個協議並沒有使他們滿足，他們只是從中賺到了 18 萬美元。而對於一般的美國人來說，兩個人做幾個月就賺 18 萬美元，已經是難以想像的了。

公司剛成立的時候，管理混亂、缺少秩序。蓋茲和保羅事事都要插手。但是漸漸地，他們的個人風格慢慢顯露出來，分工也越來越明確。後來保羅負責推動新科技和研發新產品，而比爾蓋茲則集中精力開拓新的市場和業務，負責談判、簽合約。

僅僅 18 個月，蓋茲和保羅為蘋果電腦公司和海軍准將公司寫的程式，為新成立的微軟賺進了好幾十萬美元。

然而，正當比爾蓋茲和保羅·艾倫不知疲倦地朝著他們夢想的電腦王國出發時，微軟卻捲入了成立以來的首次官司當中。這一串長長的訴訟案差點帶給兩個年輕人致命的打擊。

此時，一份業界消息聲稱，著名的英特爾電腦公司控告一群公司，因為他們設法行銷某種與英特爾 386 暢銷晶片相似的晶片。英特爾的意思很明顯，即使英特爾輸掉這場官司，他們也可以利用官司拖延競爭者的時間，同時，龐大的訴訟帳單也足以令那些資金不足的小公司陷入癱瘓的境地。

這或許是當時電腦公司對於「盜版」的最出名的訴訟案。

微軟也開始向盜版開火，因為比爾蓋茲不願意眼看著自己的勞動和智慧被盜版者任意摘取。然而，微軟的處境與英特爾不一樣，微軟缺少足夠的資金和強大的實力拖垮對手，反而差點讓對手把自己拖垮。

按照微軟和羅伯茨所簽的合約，MITS 公司必須「盡最大的努力銷售微軟的 BASIC 程式語言」，而不是由微軟直接向客戶銷售該軟體。

然而，比爾蓋茲發現，他們的軟體推出市場不久，這種由他們辛辛

苦苦創造出來的程式語言便被複製得到處都是，市場上充斥著盜版，看到這種情況，MITS 便不再盡力去銷售該程式。

微軟的利益直接受到損害。

蓋茲非常憤怒，他認為可恨的不僅僅是盜版者，而 MITS 的態度無疑是鼓勵了盜版者的瘋狂。

1975 年，《電腦通告》通訊刊載了比爾蓋茲寫給所有電腦玩家的一封信，在他那封措辭尖銳的《寫給玩家的公開信》中，比爾蓋茲毫不留情地指控這種行為無異為偷竊。他抑制不住憤怒地寫道：「我們出售軟體獲得的專利費，如果以我們花在阿爾塔機 BASIC 語言編制上的時間來平均，每小時其實只值 2 美元。多數電腦愛好者想必知道，你們中大多數人擁有的軟體都是盜竊來的。硬體必須用錢買，而軟體則是可以彼此分享的。但是你們可曾為軟體編寫者想過，他們的工作是否得到了應得的報酬……」他激憤地寫道：「誰願意白做？哪一個電腦愛好者願意花費他 3 年的生命來編製程式，尋找其中的錯誤，並把這程式製成檔案，而只是為了讓別人拿去隨意分送？」

蓋茲認為羅伯茨應該為市場上的盜版負責，他決定收回 BASIC 程式語言，並將其轉賣給伯鐵克公司。在此之前，他徵求自己當律師的父親的意見。老比爾認真研究了案件後，認為蓋茲是對的。他告訴兒子，如果他因為收回 BASIC 語言的權利而被人控告的話，他一定可以想辦法為兒子打贏這場官司。

果然不出所料，比爾蓋茲的做法帶給微軟創辦以來的首宗官司，老比爾幫助兒子在阿布奎基找了一位律師，昂貴的律師費用令比爾蓋茲不知如何應付。同時，伯鐵克一聽說微軟惹了官司，馬上拒絕支付權利金，收入的減少和支出的日漸龐大令微軟公司幾乎要破產。

比爾蓋茲

無奈之下，蓋茲和保羅只好同意將控告伯鐵克的訴訟交付仲裁，因為這種方式比審訊和可能漫長的上訴要快一些，他們只希望快點結束這場訴訟，以便可以拿到資金來支付他們欠下的一大筆帳。然而仲裁過程卻慢得如蝸牛的步伐，而在仲裁最後下達之前，比爾蓋茲和保羅·艾倫幾乎撐不下去了。微軟公司的律師一直為蓋茲他們打氣，說我們會贏的，我們會贏的。比爾蓋茲也相信，但是員工的薪資和房屋的租金也不能這樣一直拖著。微軟公司的資金越來越少，比爾蓋茲開始擔心，接著比爾蓋茲的父母也為這件事情擔心。比爾蓋茲對法律不是不懂，但是法理是一回事，實際的訴訟又是一回事。比爾蓋茲越來越沒有信心，他表示他可能不得不賠錢給這個案子。

比爾蓋茲的父母知道兒子遇到了難關，要借給他一些錢。但是，比爾蓋茲不要，他說，如果是因為錢，他會另外找到管道的。

其實，比爾蓋茲沒有更好的辦法，他不得不開口向自己的員工借錢。格林伯格很仗義，在開不出薪水的情況下，借給比爾蓋茲 7,000 美元。

比爾蓋茲終於把這一段時間撐了過去。到了 8 月初，蘋果電腦公司支付了 6502 電腦的 BASIC 固定許可使用費的前半部分，一共是 10,500 美元。比爾蓋茲鬆了一口氣，微軟公司起死回生了。

到 9 月初，仲裁委員會送了明確的裁定給訴訟的雙方：微型儀器公司的行為違反了協議，成為一起所見到過的最嚴重的公司侵權案之一。裁決規定，雖然微型儀器公司可以繼續銷售自己機器上用的微軟公司的 8080BASIC，但是它的獨家許可正式終止。微型儀器公司再也不能分享將來的第三者許可費，而微軟公司則可以自由地對所有客戶銷售這個產品。

蓋茲和艾倫贏了，微軟安然度過難關。羅伯茨不服氣，他認為，是

他的公司出資研發 BASIC 軟體，而且他是合法的所有權人，但是他同時也承認，自己太過大意，他應該更留意那紙合約。羅伯茨說：「我很天真，現在這樣說好像是在為我自己辯護，然而這是真的。從一開始，我就很注意不占那兩個小孩子的便宜。那時比爾只有 19 歲，艾倫也只比他大兩歲，我一直想照顧他們。但是後來的事實證明他們要比我老練得多。比爾和艾倫，他們比我更有競爭意識和手段。」

1979 年，原本計劃收購蘋果電腦公司失敗的羅斯將目光投向了年輕的微軟公司，對這個雖然規模小，卻衝勁十足的公司十分看好。他和比爾蓋茲洽談了幾次，蓋茲開出了 4,000 萬美元到 6,000 萬美元的價格，但是羅斯認為這個不知天高地厚的小子簡直是在漫天要價，他出了一個價，蓋茲一看，是 600 萬美元至 1,500 萬美元，這個價錢離蓋茲和艾倫的理想太遠了，蓋茲拒絕了。收購沒有成功。過了沒多久，羅斯便後悔了，他捶胸頓足，為沒有敲定那筆交易懊惱不已。

到 1998 年，微軟已在世界 58 個國家設有分支機構，擁有僱員 2.5 萬人。在這之前，許多現任和前任的微軟職工因為購買（或獲公司贈送）微軟的股票而成為百萬富翁，其中還有不少億萬富翁。

微軟每年都要開許多次歡送會，歡送那些一夜發達的微軟員工離開公司去享受他們理想中的生活。比爾蓋茲的這種「讓員工與公司共同富裕」的管理思想正被全世界的公司所關注。

與伯鐵克的糾紛過後，蓋茲和艾倫認為已經沒有必要再留在阿布奎基，因為他們在那裡的客戶不見得會很多。

他們選擇了西雅圖的近郊作為他們事業的新起點，當他們終於把公司總部遷回西雅圖時，微軟已建立起扎實的企業文化，所有的管理和科學研究開發工作也向著成熟的國際化標準大步邁進。

比爾蓋茲

比爾蓋茲時代的開創

在不斷變化的世界裡，只有不斷地創新，才能增強自己的競爭能力，免遭淘汰。凡成功的企業，它們都有崇尚創新並尊重創新、樂於為創新者提供創新自由的優點。永不服輸的蓋茲的信念是：我會贏，永遠做第一。

比爾蓋茲歷來強調產品的不斷創新，從不滿足已經取得的成就。他認為，創新是企業得以生存發展的前提。在與 IBM 的合作中，他堅持一邊共同研製 PM，同時著力開發自己的新產品。

微軟公司同西雅圖電腦公司簽署 86-DOS 的完全轉讓權協議之後，僅過了 16 天，即 1981 年 8 月 12 日，IBM 公司就在紐約宣布新型個人電腦問世，並展出了它的第一臺樣品。

展出的這臺機器帶有一個磁碟驅動器，只有 16K 記憶體，初步標價為 1,565 美元，透過拍賣，價格升至 6,000 美元。但是隨機提供的應用程式卻不多，只包括一個普通的擴展表格程式，一個文字處理程式，最具關鍵性的作業系統還沒有推出。因此，IBM 通知微軟公司，加速開發 DOS 的新版本。

這是一個轟動事件，美國新聞界立刻廣為報導，各專家學者也對它紛紛作出評價。影響很大的《華爾街日報》(*The Wall Street Journal*) 說：「IBM 公司以嶄新姿態進入個人電腦這門新興產業，專家們普遍認為，這位藍色巨人能夠在 10 年內主導這個產業。」

還說：「IBM 的產品能比它的競爭對手的產品更好地處理較大的問題，並能以清楚明晰的形象來表達資訊。」

在無形中，IBM 的銷售主要對象擴展到各個工作場所，而且公司的

宣傳也十分成功，它採用了玫瑰色圖案，令人感覺愉快而友好。不久，訂單就像雪片一樣飛來，工廠的生產規模不斷擴大，仍跟不上市場的需求。1 年之後，公司就售出了 13,000 多臺電腦，收入達到 4,300 萬美元；再過 1 年，電腦的銷售已經突破 50 萬大關。而勢力雄厚的惠普、迪吉多數位設備公司、德州儀器公司、全錄公司，都紛紛在電腦市場上被逐，因為它們的機器在相容性方面無法同 IBM 相匹敵。IBM 公司一舉成功，美國電腦市場的競爭進入一個新階段。

IBM 公司堅持新的態度，歡迎外界的發展。它宣布將公布技術資料，完全公開產業標準的規格，以便那些希望為 IBM 的個人電腦開發附加卡的公司有所依據。它還願意與大家一起討論軟體的開發問題，也鼓勵自己的員工利用業餘時間開發軟體。如果這些軟體被公司採用，開發者可以獲得應得的版稅。

微軟公司的 MS-DOS、BASIC、FORTRAN、PASCAL 語言、一個驚險遊戲程式和一個打字程式，相繼被開發出來，加入了這場競爭。

微軟公司在 MS-DOS1.0 的基礎上，開發一種雙面讀寫磁碟的新版本 DOS1.0，使磁碟容量由原來單面的 120K 增至 320K。1982 年 5 月，比爾蓋茲舉辦了一次巡迴展，向電腦公司和愛好者介紹微軟公司的這個新成果。由於 IBM 個人電腦一炮打響，微軟公司也聲名大噪，它的 DOS 也就成了舉足輕重的軟體。

1981 年，微機的生產和應用有了巨大的發展。電腦使用者數量瘋漲，對軟體的需求自然大為迫切。

《時代》(Time) 的評選和奧托的文章，一方面大大地宣揚了微機的功能，使更多的美國人對它產生興趣並躍躍欲試；另一方面，也尖銳地指出了微機普及所面臨的最緊迫任務：開發軟體。

比爾蓋茲

比爾蓋茲自然從很早就開始關注到軟體的缺乏和電腦熱之間的矛盾。他在一次接受採訪時說：「我們沒有對軟體的標準和品質進行嚴格的管理和控制。我曾買到過根本不能用的軟體。……儘管現在有許多軟體出現，但是大多令人悲哀。」他強調說：「兩年之後，我們要推出在各方面都能真正滿足消費者需要的軟體。現在的軟體太糟糕、太難使用，而且缺少更多的效能。不過這一切正在得到改善。」

1982 年，比爾蓋茲 27 歲，他在軟體開發方面取得的成功已經在全國令人注目。這一年，美國有名的《金錢》雜誌（Money）用他的照片作封面。

比爾蓋茲作為《金錢》雜誌的封面人物與作為《時代》週刊風雲「人物」的一臺家用電腦表明：比爾蓋茲本人已被世界化了，他已經成為高科技菁英的象徵符號。這是一個時代對個人財富的認可和讚揚！正如雜誌評語所說：「你可以喜歡他，也可以憎恨他，但是你不可以忽視他。」

因此，比爾蓋茲的時代正式宣告誕生！

比爾蓋茲認為，「多計畫」有競爭者不能與之匹敵的一些特點。「多計畫」憑經驗猜測你的某些意圖，提供視窗，同時顯示電子表格程式的多個區域，也可幫助公司解決幾個部分的分類帳或彙總等問題。還有「幫助」螢幕，自動重新計算，這在當時是不尋常的。

一個接口，一個核心編碼，一個選單結構，這些程式寫在紙上似乎很了不起，很讓人情緒激動，但是在電腦上卻並不讓人印象深刻。「多計畫」執行得非常慢，還有其他不盡人意之處。

硬體製造商們大批簽約購買「多計畫」。到後來，它終於完全可以在更多種類的機器上執行，用於其他任何應用程式。

史蒂夫・賈伯斯（Steven Jobs）及其公司的人員 8 月來時，查爾斯・西

蒙尼（Charles Simonyi）演示了「多計畫」給他們看，並談了對多工具接口的全面看法。當天晚上，比爾蓋茲主持了最高級會議。除了賈伯斯及小組外，他還帶了蘭迪・威金頓來，他是蘋果電腦公司的軟體負責人，現已成為麥金塔小組的成員。保羅・艾倫及查爾斯・西蒙尼、馬克・馬修斯等也參加了會議。

會議上，賈伯斯計劃建立一個供晶片用的矽工廠，用生產線生產「資訊儀器」。新電腦將非常容易使用，並成為像烤箱一樣的必需品，按照他所講，麥金塔電腦比市場上任何同類物品都有價值，極易操作，並包括能滿足任何人需求的基本軟體。他說，他將在兩年後的 1982 年末交貨，銷售 2,500 萬臺。

賈伯斯的熱情很有感染力，連微軟公司的能手們也一度受他的感染，患上了嚴重的麥金塔熱的症狀。

對玩牌高手比爾蓋茲來說，麥金塔電腦可做為前途未定的 IBM PC 機的附加賭注，IBM PC 機比蘋果 II 型電腦略高一籌。

賈伯斯許諾說，麥金塔電腦比這兩者都前進一大步，雖然它現在還不完善，但是一定是未來的潮流。

比爾蓋茲真誠地相信了，並且準備讓微軟公司利用它賺錢。

兩個月以後，賈伯斯邀請微軟公司的應用小組參加了一個展示會。比爾蓋茲在這裡看到一臺電腦，它不僅能做實際生活的工作，也可用做影像遊戲。它的硬體只是一個模擬板，連線在低廉的蘋果 II 型電腦的磁碟驅動器上，安迪・赫茲菲爾德（Andy Hertzfeld）隨心所欲地繪畫演示，把微軟應用小組的人看得眼花撩亂。

微軟公司對影像顯示還有許多東西要學。

比爾蓋茲

比爾蓋茲不熟悉麥金塔電腦，詢問了一個赫茲菲爾德認為很愚蠢的問題。

比爾蓋茲問道：「硬體是怎麼顯示滑鼠游標的？」

赫茲菲爾德得意地告訴比爾蓋茲說：「不是硬體的問題，游標是軟體魔術。」

赫茲菲爾德正準備繼續大講特講，賈伯斯不悅地讓他閉嘴，避免他洩漏公司的祕密。

比爾蓋茲沒有在赫茲菲爾德心中留下什麼特別的印象。

IBM PC 機一釋出，蘋果電腦公司的人拆開看了裡面，都大笑了起來，他們看到的完全是勉強湊合起來的東西，受限制的圖形顯示、幾乎不存在的使用者接口、無滑鼠器、無網路能力、最低限度的音響設備，只有控制磁碟驅動器的電路系統，用了和整個麥金塔電腦同樣多的晶片。

但是真正的表現是在 DOS 磁碟上。「驢」這個愚蠢的 BA-SIC 遊戲和難看的圖形，使得做麥金塔電腦的這夥人忍俊不禁。當他們得知這個編碼是比爾蓋茲所做的，就更覺得可笑。

到 1982 年 1 月的時候，微軟公司與蘋果電腦公司的交易接近完成。比爾蓋茲、西蒙尼、馬修斯、艾倫和哈伯斯一起去矽谷洽談。

他們回來的時候，帶回微軟公司的第一個麥金塔電腦樣品，實際上是一組電路板。

比爾蓋茲對麥金塔電腦產生了興趣，很快就將成為微軟公司麥金塔電腦的開發經理哈伯斯也明白比爾蓋茲的意思，他說：「我們是即將改變世界的、最偉大的技術性突破的內圈人物的一部分。」他重新為麥金塔

電腦起了個微軟公司的程式碼名稱「沙漏」。

1982年1月22日，雙方簽定了合約。自此，微軟正式與蘋果「聯姻」。蘋果電腦公司同意提供微軟公司3臺麥金塔電腦樣機，微軟公司將用這三個樣機創作3個應用程式軟體，即電子表格程式、貿易圖形顯示程式和資料庫。

比爾蓋茲感到沮喪的是這種電腦沒有文書處理程式和BASIC。

賈伯斯已經在開發這些產品了，剩下需要調整的工作是微軟程式的歸攏問題。

賈伯斯可以選擇把應用程式與機器包含在一起，付給微軟公司每個程式費5美元。限定每年每個程式100萬美元，或分開賣，付微軟公司每份10美元，或提取零售價格的10%。蘋果電腦公司允諾簽合約時預付5萬美元，接受產品後再付5萬美元。

賈伯斯擔心比爾蓋茲從他的麥金塔電腦上學到經驗，然後生產競爭軟體，就要求在協議中加入一連串對微軟公司的限制條款。

他想在麥金塔電腦正式釋出之前，阻止微軟公司在IBM PC機領域釋出類似的圖形使用者介面程式，好讓麥金塔電腦占有領先的優勢。

可他那無法實現的生產計畫，使他受到了矇蔽。

賈伯斯將專有條款限制在較早的兩個日期之後的12個月。

麥金塔電腦的最初交貨期是1983年1月1日。

比爾蓋茲很快就利用了賈伯斯沒辦法實現自己計畫的這個事實。

比爾蓋茲買到了夢寐以求的圖形使用者接口。

在1981年5月的一個高級個人電腦討論會上，比爾蓋茲做了很有特色的發言。他說：「今天的軟體，確實使答案明瞭。人們願意花費8,000

比爾蓋茲

美元或 9,000 美元，來買王安的文書處理機的原因，就是為了機器裡的軟體。在今天，對軟體應該做的主要事情，就是設法使機器更好使用。」

他繼續說：「我們離這個目標還有很長的路要走。今天的硬體領域，已經有了令人難以置信的進步，但是人們還是無法利用這種先進技術，因為軟體的發展確實落在了硬體的後面，這妨礙了對那項技術的利用。」

比爾蓋茲知道多數人想讓產品在設計的時候，就為使用者的需要著想。他們需要一種方法，使他們懂得如何用自己的話來表達資訊。他還將施樂公司的星機比做沙漏，作了分析。

沙漏的圖形，後來出現在視窗的畫面上。

在兩年後同樣的講座上，比爾蓋茲的熱情消失了。因為他的沙漏游標使使用者感到反感。這倒不能完全怪比爾蓋茲，因為施樂星機的速度太慢了，人們不得不拿出很多的時間來看著那個無聊的沙漏。

不過，沒有什麼關係，比爾蓋茲又在想新辦法了。

微軟革新世界領袖

比爾蓋茲並沒有因在美國市場的受挫而灰心喪氣，反而他決定避開美國，進而向世界大市場進軍，首先他把自己的「魔掌」伸向「歐羅巴」！

1982 年初，公司派鮑勃‧奧里爾去歐洲。鮑勃首先來到英國，發現那裡最暢銷的電腦是辛克萊電腦。這是皇家爵士大衛‧辛克萊設計的一

種電腦，它在英國的銷售量比著名的蘋果機或坦邊機大9倍，而且他還發現，在歐洲，占領市場的是蘋果機和科莫多機，幾乎見不到IBM公司的電腦。

8月，微軟公司又派遣傑夫·雷克斯赴歐洲，推廣它的多計畫軟體。他與鮑勃乘火車從卡萊去巴黎，幸運地遇到了蘋果公司的駐法代表喬軟·坎賓。他們進行了會談，結果達成一項協議：坎賓同意在蘋果二號電腦上搭售微軟的多計畫軟體。這可是微軟很不小的一筆生意。

微軟公司在歐洲漸漸打開局面，同時開始把他們的軟體改成各種歐洲語言。比爾蓋茲研究了歐洲的情況，決定不把歐洲作為一個單獨的整體看待，而把它分為三個主要市場。他決定在英國、德國和法國設立三個分公司，以適應三個市場的需要。

法國分公司的領導人由比爾蓋茲精心募選，決定由伯納德·維格尼斯擔任副董事長，因為他對法國市場瞭如指掌。

法國分公司於1983年5月正式開張。他們辛勤工作，除了忙於一般業務之外，還利用休息時間幫助微軟公司校正多計畫軟體法文版中的錯誤。

9月，多計畫軟體法文版正式推出。蘋果公司、IBM公司都有銷售搭配這個軟體的個人電腦。微軟公司還為當時法國第二大電腦公司費克多公司編制了特定版本的多計畫軟體。這個軟體不久後就成了法國最暢銷的程式軟體。

到1986年，等到Lotusl－2－3軟體法文版進入法國市場的時候，那裡早已是微軟多計畫軟體的一統天下，它的銷售額占了總銷售額的90%。這使美國許多軟體公司的人們納悶不已。

司各特·奧基是個受過訓練的會計，還是一個工商管理學碩士，在

惠普公司做過，並當過矽谷的顧問。

1982 年 3 月，他加入微軟公司後，開始集中做國際貿易。奧基認為應該把歐洲分成三部分，在巴黎、慕尼黑和倫敦設辦事處。

他很快寫出了一個統治全球的貿易計畫。

當他請求蓋茲和巴爾默放棄最近聘用的歐洲主辦人，並重新組織計劃歐洲市場時，蓋茲和史蒂夫·巴爾默不願意聽，他們暴跳著說：「你瘋了，你根本不知道這個人的能力。」

這是奧基第一次遇到微軟的對抗方式，與惠普公司得體的、以代表多數人意見為準的方式恰恰相反。

但湯姆在任時，奧基贏得了他的支持。

1982 年 9 月末期，湯姆任命奧基為微軟國際業務經理，負責歐洲分支機構的事務。

湯姆當時精確地預料到，微軟公司在歐洲的力度一定會加強，特別是明年，會對微軟公司最終的成功發揮主要的決定作用。

奧基赴歐洲前，湯姆對他說：「去征服世界。」

原來的歐洲主辦人被撤了。

在法國的「多計畫」首戰告捷，它引起極大轟動。

在一次個人電腦會議上，比爾蓋茲向與會者暗示了他們正在開發一種新軟體，這便是至今已統霸全球的「視窗」！

但是視窗的工作開展緩慢，而形勢對微軟來說卻十分緊迫，因為在 10 月有一家軟體推出了功能上與「視窗」相同的軟體「DESQ」，比爾蓋茲心急如焚。這一次他不得不冒險了。

11 月 10 日在紐約舉行的一次盛大的新聞釋出會上，比爾蓋茲採用了

商業上慣用的虛張聲勢的作法，宣布「包容 DOS 的圖形接口」微軟視窗將在年底推出，而且斷言 1 年之後，90% 以上使用 MS-DOS 的電腦都能夠使用視窗。視窗本身並不包含任何應用程式，它只是安裝在作業系統中的一個環境。有了視窗，使用者就可以將他們的程式安裝到任何電腦上而不會發生不相容的問題。

微軟公司也確實獲得不少著名軟體公司的支持，使他們的軟體能夠在視窗下執行。微軟公司還宣布它將修改自己的多計畫軟體和文字處理軟體，以適應視窗的要求。

微軟公司大有控制個人電腦環境附件市場的意思，取 IBM 公司而代之。

但是，開發如此巨大而複雜的軟體並不是一件輕而易舉的事，這麼大的軟體工程，對於微軟公司也是第一次。

由於程序問題，微軟不得不屢次把「視窗」交貨時間推遲。原定 1983 年底，推遲到 1984 年第一季度，後來變成 1984 年 5 月分。人們終於眼巴巴地望到了 5 月，微軟公司的銷售經理們也終於露面。他們一一拜訪各家使用者公司，紅著臉向他們道歉說：「請諸位再等一等，最遲 8 月吧，我們一定把軟體裝在你們的機器上。」他們對這次的延期解釋說，一部分試用者要求進一步修改，尤其是螢幕顯示格式要改。

三番五次的食言，一再出現的推遲，使人們對視窗失去了信心，他們反倒不那麼著急了。

他們一邊等著 8 月看視窗的笑話，一邊把目光和希望投向了生產 Vision 的可視公司。幸而可視公司這時也出現了危機，不然微軟的日子真有點難熬了。

微軟公司許諾的 8 月很快到了，比爾蓋茲仍舊拿不出他的視窗。他

比爾蓋茲

面對新聞記者們的質問無可奉答。於是,傳媒為視窗取了個令人難堪的綽號:「泡泡軟體」,以挖苦微軟公司許諾上的膽大妄為。記者們寫出一篇篇極盡冷嘲熱諷之能事的文章,對比爾蓋茲大加諷刺。

微軟公司決定由剛聘用不久的瓊‧謝利出任第二任總裁,這顯示出公司在用人之道上的強大威力。

在深入調查視窗開發工作的各個環節之後,瓊‧謝利終於找到了問題的關鍵。原來,這項開發工作之所以進展遲緩,除了技術難關之外,主要問題還在於管理和組織上的混亂無序。謝利以快刀斬亂麻之勢徹底調整了研製組,把它分成幾個部門,交給巴爾默等人總管,各司其職,各負其責,而讓比爾蓋茲集中精力、全神貫注,在非常抽象的層次上考慮軟體的總體構架和發展方向。謝利還更換了視窗的產品經理,把資深的微軟程式設計高手孔森調到視窗研製小組,並由他負責圖形介面的設計。孔森的加入使視窗研製小組實力大增。

謝利把研製組的工作重新布置完畢之後,微軟公司最後許諾的 8 月早已過去。公司這時仍然認為他們有可能在兩個月之後推出這種人們望穿秋水的軟體。然後到了 10 月,他們只好再宣布這個軟體的上市日期為 1985 年 6 月。新任命的視窗產品經理奧‧尼古拉面對新聞界的質問,解釋說微軟公司對 8086 微處理器的能力猜想過高,而視窗又需要很大的記憶體,否則執行速度就太慢,為了徹底解決這個問題,微軟公司不得不重新設計這個軟體的一部分。

對此,新聞界的嘲諷之聲不絕於耳。比爾蓋茲面臨巨大壓力,他把視窗軟體的開發工作列為頭等大事,各類重量級人物被派到研製組,程式設計師的工作幾近瘋狂。

一天早上,比爾蓋茲稽核已經編完的軟體時,突然發現一處差錯,

他猛地一拍桌子，勃然大怒。

「巴爾默！巴爾默在哪裡？」

比爾蓋茲大聲嚷嚷著，巴爾默應聲來到，他手裡正端著盤子，在吃早餐。

「你還吃得下飯嗎？」比爾蓋茲指著他的鼻子大聲罵道，「怎麼會出了差錯？我得警告你，年底前不能順利完成工作，交不出貨來，你們通通得滾蛋！」

巴爾默從來沒有見過比爾蓋茲如此大動肝火。他趕緊把早餐放到一邊，將剛剛睡下的程式設計師們一一叫醒，滿面愁雲地警告他們說：「必須再次檢測，不能出任何一點差錯，否則我們都會被蓋茲炒魷魚！」他們經過奮鬥，終於研製出了體現微軟典型風格的「視窗」。

1985年5月的春季電腦展銷會上，比爾蓋茲展示了他的演示版視窗軟體，向成千上萬的使用者表演了用滑鼠和鍵盤開啟或關閉「視窗」的效果。他同時宣布，視窗1.0版軟體標價僅為95美元。一個月後，6月28日，微軟公司向部分使用者提供了視窗軟體的測試版。幾星期後，又向新聞界贈送了評估複製。這些做法的用意是向使用者收集使用意見。1985年11月，這套軟體正式上市。

視窗軟體的上市對當時的軟體市場而言，無疑於一場狂風暴，這使微軟直接占領了世界霸主地位。

比爾蓋茲，這位當今全球商界首領，他用手指震動了整個地球，堪稱商界梟雄的人。他每招每式都出乎人們的意料，充滿冒險和挑戰。也正是因為這樣，才使得他自己的企業帝國勢如破竹，讓他人看到了驚人的「微軟速度」。蓋茲書寫了20世紀最為傳奇的神話。

繁星崛起，那些偉人如何改變世界：
孔子 × 培根 × 巴菲特 × 比爾蓋茲……那些書寫歷史的世界名人

作　　　者：馮化平
發　行　人：黃振庭
出　版　者：財經錢線文化事業有限公司
發　行　者：財經錢線文化事業有限公司
E-mail：sonbookservice@gmail.com
粉　絲　頁：https://www.facebook.com/sonbookss/
網　　　址：https://sonbook.net/
地　　　址：台北市中正區重慶南路一段61號8樓
8F., No.61, Sec. 1, Chongqing S. Rd., Zhongzheng Dist., Taipei City 100, Taiwan

電　　　話：(02)2370-3310
傳　　　真：(02)2388-1990
印　　　刷：京峯數位服務有限公司
律師顧問：廣華律師事務所 張珮琦律師

-版權聲明-

本書版權為文海容舟文化藝術有限公司所有授權崧博出版事業有限公司獨家發行電子書及繁體書繁體字版。若有其他相關權利及授權需求請與本公司聯繫。
未經書面許可，不得複製、發行。

定　　　價：375元
發行日期：2024年10月第一版
◎本書以POD印製
Design Assets from Freepik.com

國家圖書館出版品預行編目資料

繁星崛起，那些偉人如何改變世界：孔子 × 培根 × 巴菲特 × 比爾蓋茲……那些書寫歷史的世界名人 / 馮化平 著. -- 第一版. -- 臺北市：財經錢線文化事業有限公司, 2024.10
面；　公分
POD版
ISBN 978-626-408-025-5(平裝)
1.CST: 世界傳記 2.CST: 通俗作品
781　　　113014636

電子書購買

爽讀APP

臉書